全国高等学校人力资源管理专业新编系列教材

绩 效 管 理

主 编 徐 斌

中国劳动社会保障出版社

图书在版编目(CIP)数据

绩效管理/徐斌主编．—北京：中国劳动社会保障出版社，2007
全国高等学校人力资源管理专业新编系列教材
ISBN 978-7-5045-5995-1

Ⅰ.绩… Ⅱ.徐… Ⅲ.企业管理：人事管理-高等学校-教材 Ⅳ.F272.92

中国版本图书馆 CIP 数据核字(2007)第 030599 号

中国劳动社会保障出版社出版发行
（北京市惠新东街1号 邮政编码：100029）
出版人：张梦欣

*

北京世知印务有限公司印刷装订 新华书店经销
787毫米×960毫米 16开本 12.5印张 214千字
2007年4月第1版 2012年4月第2次印刷

定价：18.00元

读者服务部电话：010-64929211/64921644/84643933
发行部电话：010-64961894
出版社网址：http://www.class.com.cn

全国高等学校人力资源管理专业新编系列教材编委会

内容简介

本教材所阐述的绩效管理，是基于对绩效与管理两个方面的系统性思考，在此基础上进行了完整的结构组合。为了使读者有效地理解本教材的内容，还特别以流程为主要线索将绩效管理的内容贯穿起来，以图表提高感官效果，使各部分各章节展现了一条清晰的脉络，方便读者对内容的全面理解与对核心内容的掌握。

本教材的内容安排如下：

第一章阐述了构成系统的关键环节，绩效管理与其他人力资源管理模块之间的相互关系。

第二章介绍了目标管理的概念和作用、目标管理导入、对目标的分解，并介绍了工作分析与职位评估和目标管理的关系。

第三章具体介绍了绩效指标、绩效目标，关键绩效指标和平衡记分法的基本概念、设定流程和关键点。

第四章研究的是绩效管理计划方面的关键理论与关键点。

第五章主要研究了绩效管理过程中的引领与回馈技术，是企业培训技术的一个应用。

第六章主要阐述了绩效评估的关键内容，通过本章可以学习绩效评估的各种方法。

第七章主要论述了绩效评估结果主要应用在哪些方面，以及应用中的基本手段与方法。

序

自标志着中国劳动体制改革发轫的1986年劳动合同制度全面推行至今，中国劳动力市场建设已经走过了近20年的历程。这期间，我国的劳动力配置制度、劳动关系体系、劳动者的激励模式等诸多方面发生了历史性的变革，与计划经济体制相匹配的单位制度、身份制度、粮食关系制度等逐步瓦解，规范劳动力市场秩序的制度体系逐渐建立。在劳动力市场建设进程中，市场主体自主选择权的加强和激励模式变革（带来的配置效率和劳动力市场效率的增加）为整体改革的推进提供了有力的人力和物质支撑。

同时，我们也发现，与其他产品和要素市场相比，劳动力市场化进程相对滞后。中央经济工作会议提出着力推进经济体制改革，建立健全全面协调可持续发展的制度保障，对劳动力市场的一体化建设和建立逐步改变城乡二元结构的机制提出了新的要求。在市场化进程中，劳动者在获取择业自主权的同时，也承受着市场带来的风险和压力，从而经历了环境上、经济上、心理上多方面的变化历程。劳动力市场的一体化、规范化和市场化还有很长的路要走。为更好地配置人力资源，对劳动者进行有效激励，使劳动者适应市场，需要以劳动学科体系为理论基础的各方面的队伍做大量的工作。

针对劳动者的工作体现在三大方面，或者说，劳动学科体系的实践层面可以分化为三大任务：企业通过吸纳、激励、使用劳动者，促进自身的发展；政府和社会促进劳动者在适当的规则中开展市场性平等竞争，规范企业行为，并通过各种直接和间接的方式来调节劳动者的适应性；政府对劳动力市场上的弱势群体加以保障，并帮助劳动者抵御风险。这就如同组织一场运动会，不但要有科学可行的游戏规则和公正的裁判，还要有对运动员足够的激励，以及扶助受伤者、调解纠纷的人员和制度。

就我国现阶段的国情而言，这三方面的工作具有特别重要的意义。

随着经济全球化进程的加快和知识经济时代的到来，人力资源已逐渐超越物质资源、金融资源而成为核心资源，尤其是在中国“入世”后，人才争夺日趋激烈，这使得我国的人力资源开发与管理面临着越来越严峻的挑战。人力资源管理专业的建设和发展将在未来相当长的一段时间对企业和社会发展发挥重要的作用。而在我国经济转轨的过程中，要求社会保障在降低劳动力市场风险、保护弱势群体等方面发挥更加积极的作用。同时，劳动力市场上还要有专业的政府组织和非政府组织来帮助个人、家庭、群体和社会发挥潜能，调整关系或预防因人与人或人与环境所引起的各种社会问题，社会工作者将成为社会进步的助推力和劳动力市场顺利运行的润滑剂。

然而，这三个方面目前都面临着人员数量不足、总体水平不高的问题，制约着我国劳动力市场的建设。因此，为了我国市场经济体制的完善和各市场化进程的和谐发展，需要人数众多的高素质的专业人才充实到各项工作中去。以劳动学科体系为中心的适用于经济管理类大学本科（部分教材也适用于研究生）教学的劳动与社会保障、人力资源管理、社会工作这三个系列的教材就是在这样的背景下诞生的，经过一年多的酝酿、筹备和策划，终于呈现于广大读者的面前。

希望这三个系列的教材能为我国大学劳动与社会保障、人力资源管理、社会工作等专业方向的发展，为上述专业领域工作人员专业素质的提高，为我国劳动科学的发展，起一点积极推动的作用。真诚欢迎用书单位和广大读者提出宝贵意见。

文魁

前　言

本书的系统思考

在给企业做绩效管理咨询时，一个规模很大的国有企业领导对我说，我们自己曾经有过七套绩效与薪酬管理方案，可没有一次实施是满意的，你给我们设计的方案有什么特别的？会有效吗？我感到非常自豪的是，实施一年后，该企业的领导兴奋地反馈给我说："绩效管理体系的推动终于使不称职的人员浮出了水面，使优秀的人员有机会崭露头角。"在国家行政学院，该企业的领导还专题介绍了这次难得的成功经验。

谈到这次的成功，我联想到了我得到国际认证并经常讲授的一门领导艺术的课程：《六顶思考帽——冲突管理》。从多年的讲授我体会到，这门课程讲的就是通过系统的程序引导思考（思考帽子用来形象地比喻），通过结构性的转换集中参与者的注意力，化消极思考为积极思考，避免不必要的冲突，引导参与者达到所要实现目标的艺术与技术。当然，在所有的思考引导帽中，起主导作用的是戴蓝（蓝寓意高和远）帽子的人，我们把他比喻为引导者。没有蓝帽子的存在，谁去引导这个系统与结构的实现呢？谁去引导员工不断地积极地思考呢？而没有思考的绩效管理是缺乏持续性的。

我在外企工作的深刻体验就是，这些企业从设计到实施都十分重视绩效管理上系统性和结构性，这也许就是他们成功的另一个秘诀。我在本书中结合对多年实践的体会，尽可能展示了系统与结构思考的魅力，这就使读者能够比较全面掌握绩效管理的关键：思考的艺术与技术。

除此之外，我在给国内企业做项目中，还特别重视各级主管与员工和谐关系的建立。和谐是信任的基础，没有相互信任的关系，绩效管理也难以成功。在本书中，我也介绍了这些技术，如绩效面谈的引领（教练）技术，这是中国企业的经理们非常需要的。

本书的特点

比较而言，中国人在宏观思维上有优势，如果再加上结构性分析就更加容易理解绩效管理的整体性了。

本书总体强调的绩效管理系统分为目标、过程和结果三大部分，它与人力资源管理的三大支撑技术（工作分析、职位评估、薪酬福利）紧密相关。我把每一个技术又概括三个关键要点，如工作分析的三个关键点（任职资格、主要责任、评价标准）、职位评估的三个关键点（责任大小、责任范围、复杂程度）、薪酬福利的三个关键点（固定收入、浮动收入、福利与员工发展计划），它们都是绩效管理总体构架的组成部分。有了这些构架的掌控，就容易彼此发生联系，弥补漏洞，建立让员工感到可信的，组织可以依靠的绩效管理体系。

本书整篇暗含了这一体系：从系统到结构的发展（如上面提到的包括三三制的绩效系统）。

本书还从方法上注重文字与图表的结合，尽可能可视化。可视化是直观、联想、容易记忆、创造的方法，所以较之以往的教材，本书容易阅读与理解，尤其是绩效管理是比较复杂的大体系，有了比较形象直观的表述，学习起来就更方便了。

平衡绩效

一个伟人曾经说过，世界上有两个字最难做到，这两个字就是“平衡”。地球失去了平衡都不会运转，国家失去平衡就会有矛盾，组织失去平衡就会有冲突。反之如果有了平衡就会减少冲突与矛盾。绩效管理确实是平衡协调的艺术，如果有了一套使你的员工朝气蓬勃，快乐工作，又使企业业绩有效提升的双赢思路，绩效管理才会持续，才会越来越有生命力。

本书在不断朝这个方向努力，各个章节的内容都在努力寻求从系统到结构，从过程到结果，从短期到长期，从企业、主管到员工的平衡点。

本教材特别强调工具的介绍与使用，较之以往薪酬设计与管理的教材，本教材的工具都是经过精心筛选的，以利于读者掌握关键的工具使用技巧。

本书既有新观念、新理论（大薪酬和系统论），又提供给读者丰富的案例、图表、数字，使得本书具有非常强的可操作性。本书不仅适合作为大学工商管理专业教材，还特别适合作为企业培训教材。

本书在写作过程中，参考和引用了大量国内外文献著作、一些同行的卓越成果、一些企业的成果资料等。这些已经尽可能在书中作了标注或列入参考文献，如有遗漏一定全力修正，同时谨向原著作者表示诚挚的谢意。本书的完成得到了多方面的支持与鼓励，感谢首都经济贸易大学劳动经济学院院长、教授、博士生导师杨河清老师和其他院领导以及有关老师，他们全力支持本书的编写工作，给了我们很大的激励。协助编写的有王正春、岳玲军、李箐祎、李冰、赵彦斌、周颖、苏社军、胡晖、李丽丽等同志，正是由于他们的参与，本书才能够如期出版，在此，谨表示深深的敬意和感谢。

最后还要感谢广大的读者，只有你们的支持与鼓励，才能发现书中的不足，作者希望这是不断优化的动力。同时，特别欢迎广大读者的进一步指正。

徐斌

2007年1月

目　录

第一章

绩效管理系统

学习目标

本章主要对绩效管理系统与构成进行分析。通过学习，第一，了解绩效管理强大的系统性；第二，了解构成系统的关键环节及其在整个系统中的作用；第三，能够阐述系统与结构的基本关系；第四，了解绩效管理与其他人力资源管理模块之间的相互关系；第五，理解并会使用绩效沟通的关键流程。总之，对绩效管理的系统理解是绩效管理非常关键的一步，全面掌握它的基本思路，明确其中的管理思想，是学习好绩效管理的首要任务。

成本、质量、服务、速度、品种、数量等是一个组织需要新的竞争手段，如果没有高质量的人力资源，这一切都很难实现。对全球化趋势的回应，需要专注于商业目标，需要回报绩效，需要给人力资源合理的回报。所有这些都需要一套有效的绩效管理系统。

与全球最好的组织开展竞争，就得提高效率、效果和技能，以提高组织发展的稳定性，要达到这个目标，人力资源是所有资源中最有可能不断优化组合的。任何一个组织都不应仅仅着眼于现有的人员资本，而应面对变幻莫测的快速变革，实现挑战工作内容，并致力于持续改进工作和不断提升将来的人员资本系统。

能够帮助企业组织实现这一目标的有力工具之一，就是完备的绩效管理系统的建立与实施。

绩效管理系统的建立非常有挑战性。这是因为在所有的人力资源开发与管理工作中，绩效管理中面临的冲突最多，因为绩效管理主要是解决人员与职位、人员发展与更高目标实现的途径与方法问题。要解决这些，没有一定的管理艺术和技术很难有效解决这些冲突。它又是一个系统，是因为这项工作涉及人力资源开发与管理的各个主要方面，要搞好绩效管理需要人力资源管理和其他管理模块的配合。它还是一项十分有高度的工作，它的建立与实施要求相关领导者的绩效管理思维要有高度和宽度，没有高度与宽度，员工很难看到愿景，也没有动力去了解组织愿景、角色、目标、价值观、能力、环境与绩效之间的相互关系，也很难产生长远的追求与激励。

由此可见，对绩效管理全面系统的理解尤为关键。

第一节　绩效管理新视野

几乎没有任何一家企业不重视绩效管理的。因为从现代企业管理的大视野角度看，企业的生存与发展都取决于绩效，绩效是全面的、关键资源的、系统管理的过程。

一、绩效与绩效管理

绩效是指具有一定能力和素质的员工围绕其任职的职位，为完成和卓越完成所承担的职责总目标，所表现出的不同阶段的有效成果以及在实现过程中的有效行为。

绩效管理是指管理者与员工之间，在职责目标与如何实现目标上所达成共识，并在管理实践中创造机会，促进员工取得有效成果的过程。

二、影响绩效管理成功的因素

绩效管理可以被看做是一种投资行为，比较复杂，它由许多内在影响因素组成，如考核主体、考核目标、工具、培训、流程、信息确认、考核结果与结果应用等。这些因素的任何变化都会相互影响，推动得好，可能带来巨大的利益。推动得不好，也有可能带来不利的影响。

管理上一句非常经典的话用在这里很合适："做正确的事，比正确地做事更重要。"在绩效管理上，做正确的事是指方向，方向正确是最关键的，很多企业推行绩效管理，理解了方向的重要性，与所有员工沟通的思路清晰，做了正确的事。正确地做事是指绩效管理的技术、细节等，在方向明确的情况下，当然也要立即跟上。千万不要把绩效管理仅仅当成技术工作来理解。基于这样的理解，一般来说，应该做好下面的工作，以有效地实现绩效管理的目标。

（一）转变传统的观念

第一，传统管理理念认为，绩效管理等于绩效评估。由于对绩效管理的片面认识，重视结果评估，却忽略全面管理，尤其是过程关注与改进，往往使得公司绩效管理的系统没有建立起来，影响了企业战略的转变与实现。

第二，绩效管理主要是人力资源部门的工作。绩效管理仅仅被视为人力资源管理的工具，通常被认为是人力资源部门应该考虑和管理的事情，而没有把它视为企业整个管理过程，所有部门都应该熟练使用的有效工具。

第三，绩效管理是可做可不做的工作。在许多部门和管理者看来，绩效管理只是他们正常管理业务工作之外的另类工作，可做可不做，这就造成正常的，应该更加关注的绩效管理工作没有得到应有的重视。

第四，绩效管理的结果最主要的是用在发奖金、调工资上。很多公司在进行绩效管理系统设计时，往往主要出发点都是如何根据评估结果进行利益分配，忽略员工多元化需求，特别是长远的发展需求。长此以往，员工很少把自己的多元化需求和发展与绩效管理结果相联系，绩效管理的激励作用就很小了。

在管理过程中，要时时考虑"人"与"工作"之间关系的调整，或升或降，或者平行调整，或者进行培训，而这些管理的决策信息大部分来自于绩效管理。绩效管理的基本功能是提取有关人与工作相互适应关系的信息，以便管理者根据信息进行准确的决策和合理的调整。因此，绩效管理具有发掘人才、培训、调整人事安排、调整报酬分配的功能。

在人力资源管理中，问题的关键是如何改进人和工作的分配关系，以及提高工作绩效，而传统的考核只是确认事实、决定奖惩。这是现代企业人力资源管理与传统劳动人事管理在考核上的本质差别。

从心理学的角度来看，绩效管理应具有“引导性”“回馈性”和“激励性”的作用。绩效管理的引导性心理作用，指的是绩效管理的内容和标准应该是人所共知的，并且在绩效管理开始之前（比如说在年初）很长时间就确定下来。只有这样，员工才会自觉地用这些标准来要求自己，有效地控制自己的行为和工作结果。这要比评估时确认事实、决定奖惩有意义得多。绩效管理的回馈性作用，是指要把绩效管理的结果具体地回馈给员工本人，使其知道自己需要在哪些方面继续坚持下去，哪些方面加以改善，提高工作的有效性。绩效管理的激励性，是指考核给员工带来的心理激励，这种激励在某种程度上起着有意识引导员工行为的作用。员工并不是不愿意参加绩效管理本身，而是在思考绩效管理的结果会给自己带来什么影响。因此，公正使用绩效管理结果是提高绩效管理信度所不可缺少的重要环节。可见，绩效管理是企业管理中非常重要的内容。

当然，传统的绩效管理还有很多方面需要改进，如习惯性地提倡横向对比、不顾实际情况照抄“末位淘汰制”、不分场合地使用360度评价结果等，都是要注意的。

（二）绩效管理新解

做正确的事比正确地做事更重要。首先，在绩效管理中，做正确的事，还可以指绩效管理的“效”，它是指绩效管理中，是效而不是绩，要通过管理，引领公司各级人员把注意力放在与企业战略方向一致并高度相关的目标上；其次，“绩”是指正确地做事，是指在目标方向正确的条件下，努力追求，并实现最优秀的结果。对“管理”的理解，也要确认。首先，是“理”而不是管，即在绩效管理的过程中，理顺主管与员工之间、员工与企业之间良好的人际关系，相互理解与尊重，把人理顺；其次，才“管”，是管理流程与结果；最后，是将做正确的事与正确地做事结合在一起，以把方向与结果全面把握，真正实现绩效管理的最终优化效果。因此，绩效管理更应理解为“效绩理管”，意思是先定方向后评价结果，先理人后管责。

绩效管理重在管理，重在主管与员工之间持续不断地就目标进行沟通优化，持续地改进，而不是仅仅关注结果（见图1—1）。绩效管理的过程在于循环往复，不断优化（见图1—2）。

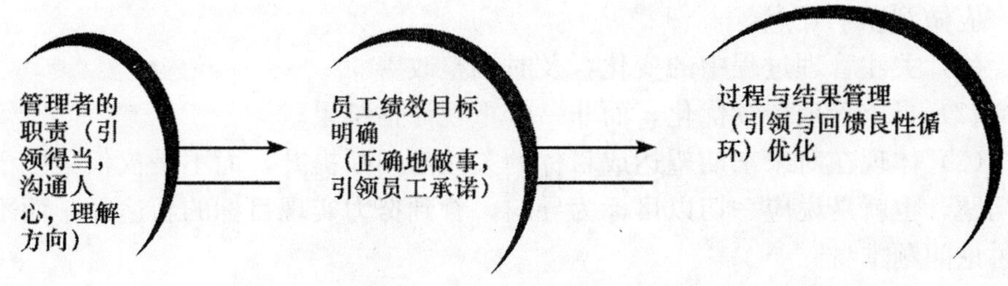

图 1—1　绩效管理流程

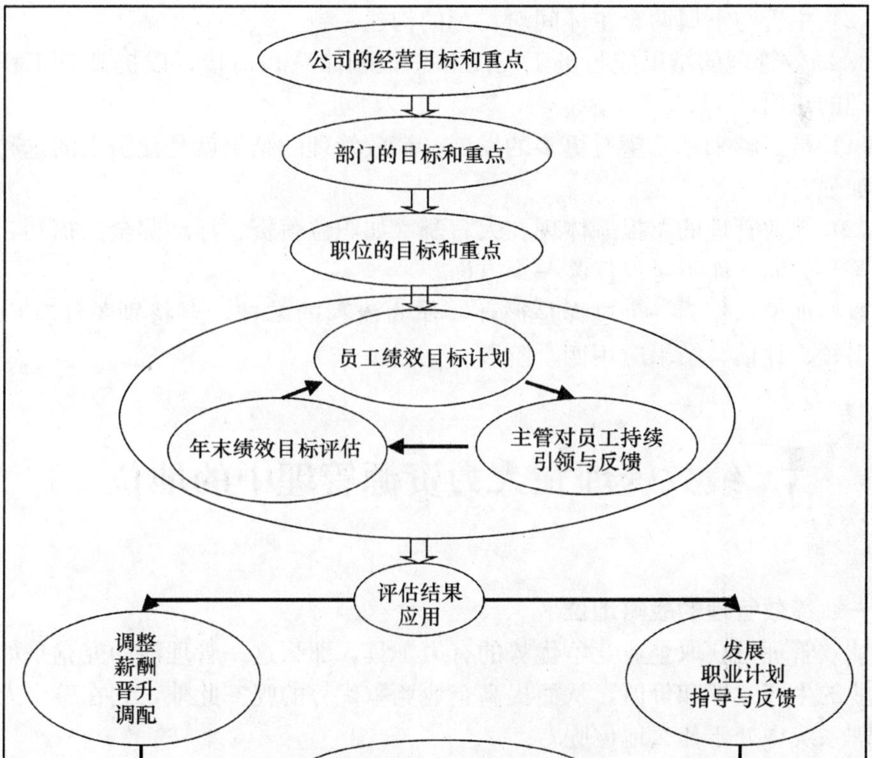

图 1—2　绩效管理的大系统与结构

三、绩效管理系统的侧重点

1. 它一方面关注全面系统管理，但同时关注系统中各个组成结构之间的衔接，应做到以下几点：

（1）关注管理过程中的变化，及时调整改善。

（2）寻求管理持续优化，而非一味重视评估结果。

（3）体现在对未来期望达成目标的关注与不断提升，而不是仅仅集中于现在的问题，也就是说应一切以目标为导向，看到努力实现目标的新途径，而不是仅仅讨论问题本身。

2. 绩效管理根本目的在于公司与个人全面绩效的提升，为实现此目的，应做到：

（1）全力引领员工自我管理与提升，员工完成职责的素质与能力。

（2）主管与下属两个主体间对目标的沟通一致。

3. 绩效管理的结果应与员工发展和总报酬体系相衔接，以提高员工积极参加管理的意愿。

（1）员工越来越希望有更多的发展，绩效管理的结果就是让员工的这种感觉不断加强。

（2）绩效管理的总报酬体现在大薪酬（如职位薪资、浮动奖金、福利、工作经验等）方面，而不是仅仅某一个方面。

概括地说，作为一个过程是循环，作为流程的掌控，要特别关注其中的计划、引领、评估、结果应用四个阶段（见图 1—3）。

第二节 绩效管理在人力资源管理中的地位

一、绩效管理的战略地位

绩效管理是获取企业竞争优势的有力工具，那么这一管理活动究竟是如何提升企业的生产效率和价值，从而提高企业竞争优势的呢？此外，它在整个人力资源管理系统中处于什么地位呢？

企业战略的实践，是要借助人力资源管理中的各个环节来具体实施的。在这一整体的人力资源管理过程中，绩效管理就承担着具体的实践重任。由于绩效管理的首要方法，是将企业的战略目标分解到各个业务单元，并且分解到每个职位上的任职员工，对每个员工的绩效进行管理、改进和提高。从而不断改善企业整体的绩效，企业的效率和价值随之提高，员工获取相应的回报，企业竞争优势的显现和成果化的最终目标才能实现。

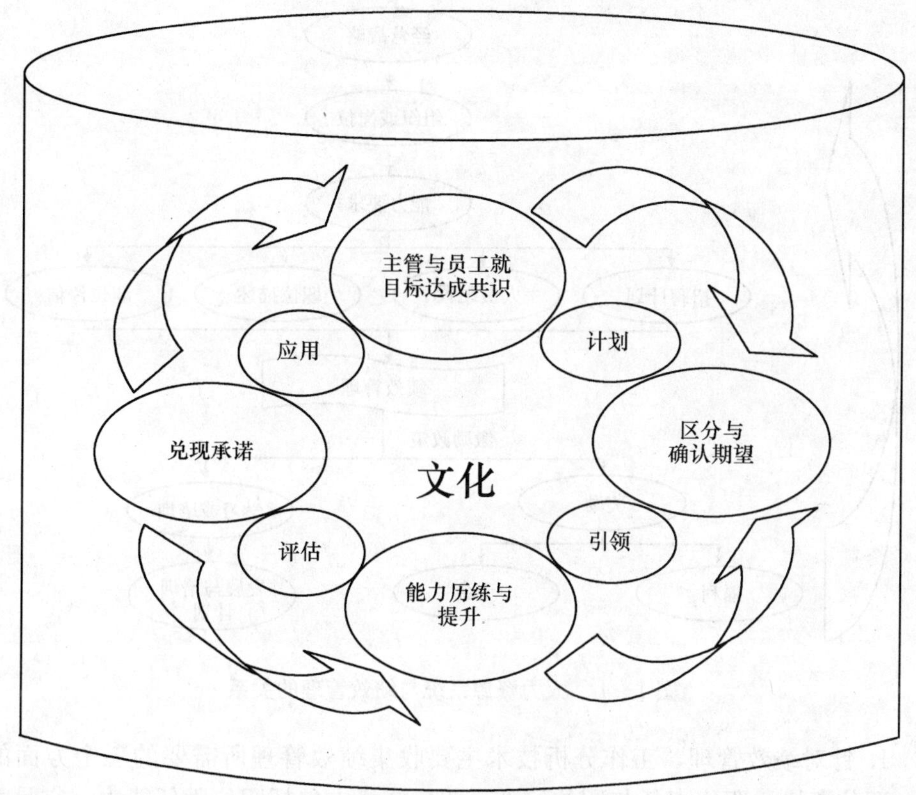

图1—3　绩效管理系统四个关键管理阶段

绩效管理在企业的人力资源系统中占据核心地位，起着重要的作用。人力资源系统与绩效管理的关系如图 1—4 所示。

由图 1—4 可以看出，人力资源的系统是以绩效管理为核心的，它影响了人力资源管理其他模块（招聘计划、人员配置、职位描述、职位评估、激励政策、奖励与学习发展）的设置原则和发展空间，体现了绩效管理承上启下的作用。

二、绩效管理与人力资源管理其他模块的关系描述

绩效管理不仅在体系上与人力资源各个模块相关，还在细节上与人力资源的关键技术有非常直接的关系。一是与工作分析技术的关系；二是与职位评估技术的关系；三是与薪酬福利技术的关系。为了便于理解，我们将绩效管理与上述三大技术的关系概括为三三制，即每一关键项技术都从三个重点方面与绩效管理产生关联（见图 1—5）。具体关系描述如下：

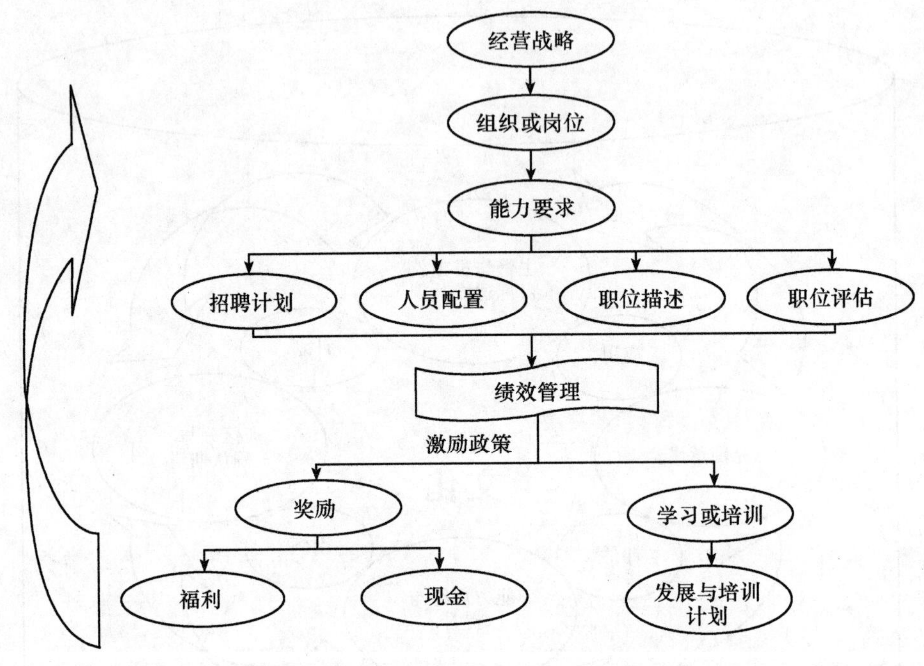

图 1—4　人力资源系统与绩效管理的关系

1. 针对绩效管理，工作分析技术主要收集绩效管理所需要的三个方面的信息：职位资格、职位责任与职位标准。职位资格中包括职位胜任能力，它是关键管理与评估点，因为绩效管理与评估离不开对职位胜任能力的界定与测量。

职位责任是关键指标的信息来源，在职位说明书中如果用流程描述职责的实现过程与结果，不难发现其中的流程控制点，就是绩效的关键评估点。

同时职责履行一定表现为某种成果形式，这也是关键评估点；而工作分析的成果形式，即职位说明书中职位责任应达到的标准，恰恰是绩效评估要点。所以，工作分析的成果是绩效管理的基础。

2. 针对绩效管理，职位评估主要从三大要素评价职位等级：职位责任大小、责任范围与责任复杂程度。对一个组织中所有的职位按三大要素同时进行评价，并区分等级，有助于理解绩效目标的等级难度，所以，在一定程度上说，绩效管理与实现的难度与职位评估紧密相关。

3. 针对绩效管理，薪酬管理体现了对员工绩效结果的回报。薪酬的三大结构包括固定收入（职位工资）、浮动收入（奖励性收入）、福利体系（国家要求的福利、企业补充福利与工作体验），它们的变化都与员工的绩效目标实现程度紧

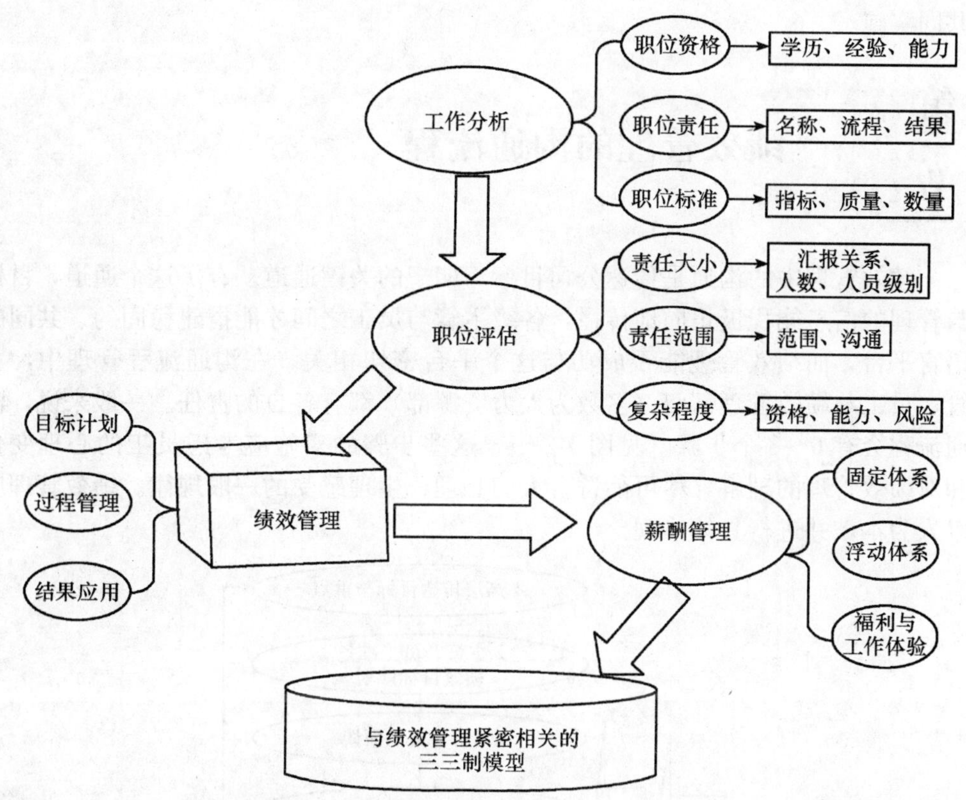

图 1—5　绩效管理技术与工作分析、职位评估、薪酬管理技术的结合

密相关，这三大方面的激励与回报水平，与每一位员工绩效实现程度应该匹配。

从上述图示关系中再次看出，绩效管理技术与人力资源其他关键技术紧密衔接。除此之外，具体上还可考虑：

(1) 绩效管理与人员招聘的关系。在人员招聘的过程中，通常采用各种人才测评手段，这些人才测评手段主要是针对人的“潜质”部分所进行的，侧重考察人的一些潜在的能力与行为风格特征。而绩效管理则更强调对人的“潜质”与“显质”的综合评价，侧重考察人们已经或将要表现出的绩效和关键行为，是对人的过去表现的评估和将来可能变化的指导。

(2) 绩效管理与培训开发的关系。绩效管理的目的是为了了解员工绩效实现状况中的优势与不足，进而鼓励其改进和提高绩效。因此，对员工的培训开发是在绩效管理过程中的重要工作。人力资源部门应根据各个部门绩效管理的结果和面谈结果，与各个业务部门一起设计整体的培训与开发计划，并辅导主管和员工共同实施。

第三节 绩效管理的沟通流程

绩效管理中的沟通是传达公司目标与期望的关键通道。有了这个通道，目标与管理的信息能积极正向地传播，各级主管与员工之间才能搭建稳固的、共同的语言平台，而绩效管理能否成功与这个平台密切相关。在沟通流程管理中，主管、员工与绩效管理部门（多数为人力资源部）都有各自的责任。一般来说，沟通流程会有 6～8 个步骤（见图 1—6），这些步骤的实施应考虑员工的心理变化和对绩效管理的理解，尽可能符合人们心理、生理感受的一般规律。绩效管理应以人为本，并进行具体体现。

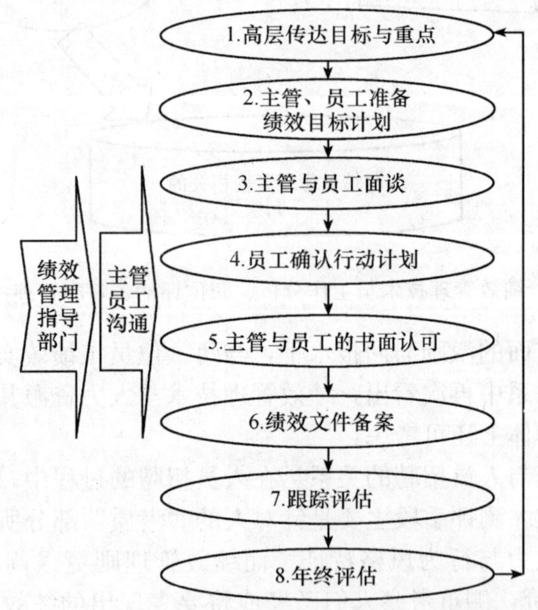

图 1—6　绩效管理的沟通优化程序

绩效沟通是构架化非常强的工作，可以看出上述沟通优化程序的设计，既符合循序渐进的逻辑，又符合关注员工、尊重员工的管理理念。在此构架中，沟通主体是各级主管与下属员工，绩效管理部门（主要是人力资源部）提供全程支持。基本沟通的构架如下所述：

一、公司向部门和员工沟通重点目标

由高层传达公司年度经营重点；绩效管理部门向所有主管与员工发出关于绩效评估与绩效计划的通知，通知包括以下内容：

1. 说明绩效评估与绩效计划的目的及引领原则。

2. 提醒各级主管与员工设定日期：

(1) 对过去一年绩效评估的日期。

(2) 新的一年公司及部门目标沟通日期。

(3) 新的一年的绩效计划日期。

3. 说明具体的归档（一般为一式三份）与管理事宜（投诉程序等）。

注意：公司高层及部门应分层提交目标，确认后分层传达。

(1) 最高专责主管向所有员工解释公司在新的一年中的战略、经营目标。

(2) 各副总经理提交新一年所负责领域的目标。

(3) 各副总经理向所负责领域主管沟通新一年部门目标。

(4) 各部门主管提交新一年的部门目标。

(5) 各部门主管向部门内所有员工沟通新一年的部门目标。

所以，这个阶段主要任务是层层明确上一级目标。

公司绩效管理沟通流程中的目标和重点如图 1—7 所示。

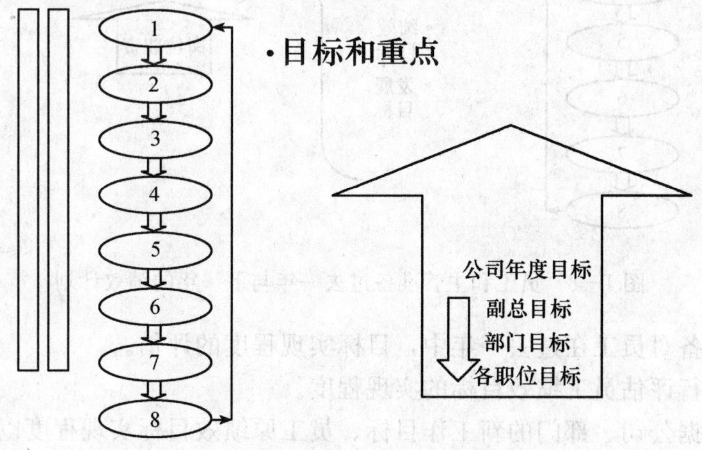

图 1—7　公司绩效管理沟通流程中的目标和重点

二、员工和主管准备过去一年与下一年的绩效计划（见图 1—8）

1. 主管应做好以下几项工作：

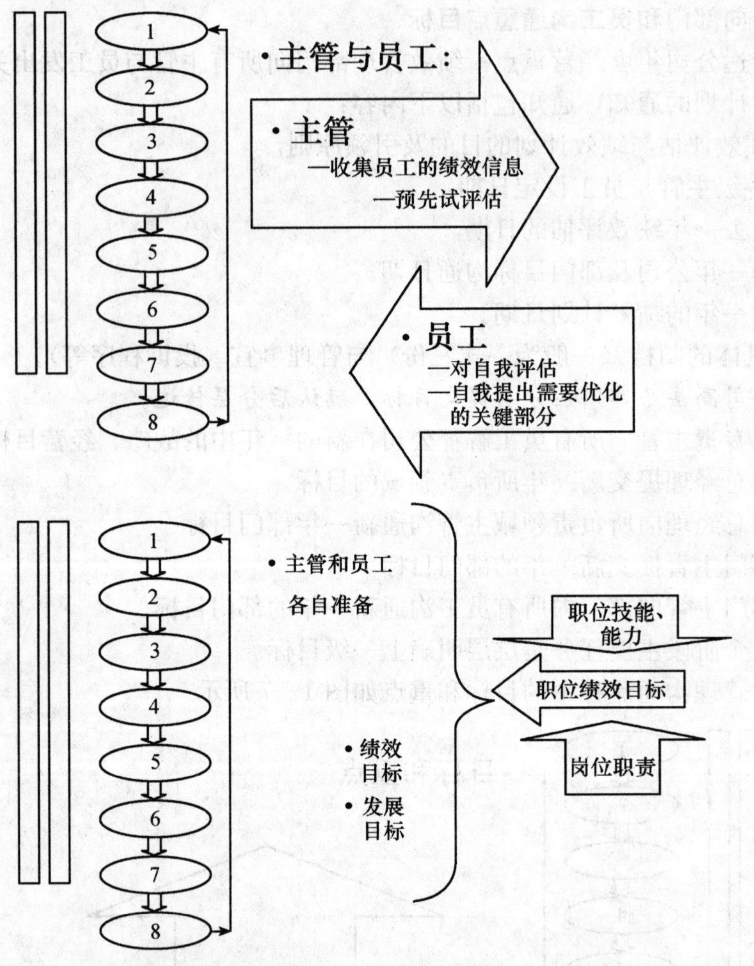

图 1—8　员工和主管准备过去一年与下一年的绩效计划

（1）准备对员工在过去一年中，目标实现程度的评估。

（2）进行评估员工绩效目标的实现程度。

（3）根据公司、部门的新工作目标、员工原绩效目标实现程度以及员工目前的能力水平，为员工思考 6～8 个建议性的绩效目标（来自关键职位职责，以及公司、部门的工作目标），和 1～2 个建议的发展目标（来自与技术技能相关关键职位职责）。

2. 员工应做好以下几项工作：

（1）自我评估绩效目标的实现程度。

（2）根据公司、部门或项目组的工作目标，自己的关键职位职责，及自己目前的任职能力，为自己准备 6～8 个建议性的绩效目标（来自关键职位职责，及公司、部门或项目组的工作目标）和自己提出的发展目标（来自与技术技能关键职位职责）。

绩效目标计划与评估如图 1—9 所示。

1
2
3
4
5
6
7
8

绩效目标计划与评估

绩效目标计划执行表				绩效评估
年度目标	评价标准	权重%	关键事件描述	评估结果
绩效目标1:				
绩效目标2:				
绩效目标3:				
绩效目标4:				
绩效目标1:				
绩效目标2:				

评估标准
杰出（5）：　人人超出职责标准，并符合管理成本要求。
超越目标（4）：　业绩超出工作职责的所有标准/超额完成所有的工作目标。
实现目标（3）：　业绩达到工作职责的所有标准/完成所有的工作目标。
部分实现目标（2）：　业绩达到工作职责的部分标准/部分完成工作目标。
未实现目标（1）：　业绩未达到工作职责的标准/未完成工作目标。

图 1—9　绩效目标计划与评估

三、主管与员工就过去一年与下一年的绩效计划进行面谈（见图 1—10）

1. 主管应做好以下几项工作：

（1）就员工在过去一年中目标的完成情况进行双向沟通。

（2）对员工在过去一年中目标的实现程度确定最终评分，并确认评估表的内容。

（3）就下一年的目标与员工进行双向交流，并最终确定目标。

2. 员工应做好以下几项工作：

（1）总结自己在过去一年中目标的实现程度。

（2）与主管一起就过去一年中目标的完成状况确定最终评分，并确认评估表的内容。

（3）提交自己为新一年设定的目标，与主管进行讨论，并最终确定新目标。

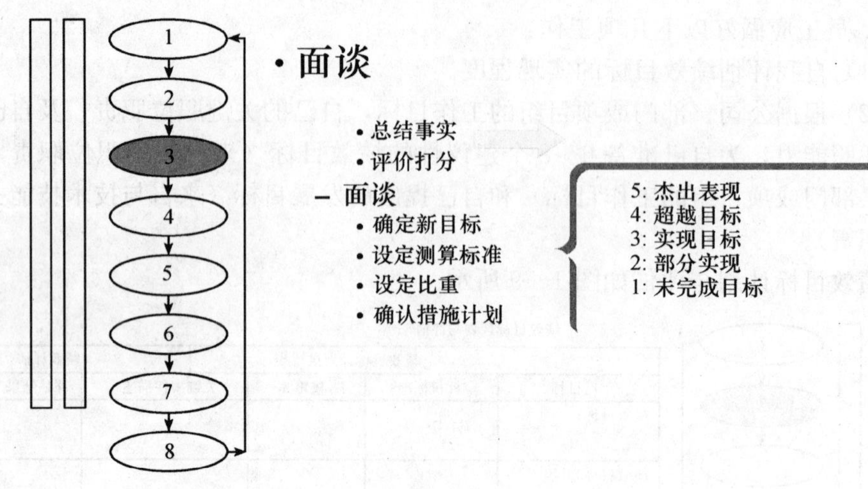

图 1—10　主管与员工就过去一年与下一年的绩效计划进行面谈

四、员工编制实现下一年目标的具体行动计划（见图 1—11）

1. 员工编制总的和分阶段的实现目标计划表。

绩效目标计划（含评估）

绩效目标计划表			绩效评估	
年度目标	评价标准	权重%	关键事件描述	评估结果
绩效目标1:				
绩效目标2:				
绩效目标3:				
绩效目标4:				
绩效目标1:				
绩效目标2:				

评估标准
杰出（5）：　人人超出职责标准，并符合管理成本要求。
超越目标（4）：　业绩超出工作职责的所有标准/超额完成所有的工作目标。
实现目标（3）：　业绩达到工作职责的所有标准/完成所有的工作目标。
部分实现目标（2）：　业绩达到工作职责的部分标准/部分完成工作目标。
未实现目标（1）：　业绩未达到工作职责的标准/未完成工作目标。

图 1—11　员工制定实现下一年目标的具体行动计划

2. 员工填写绩效目标计划与跟进情况的评审表。

计划跟踪与评审如图 1—12 所示。

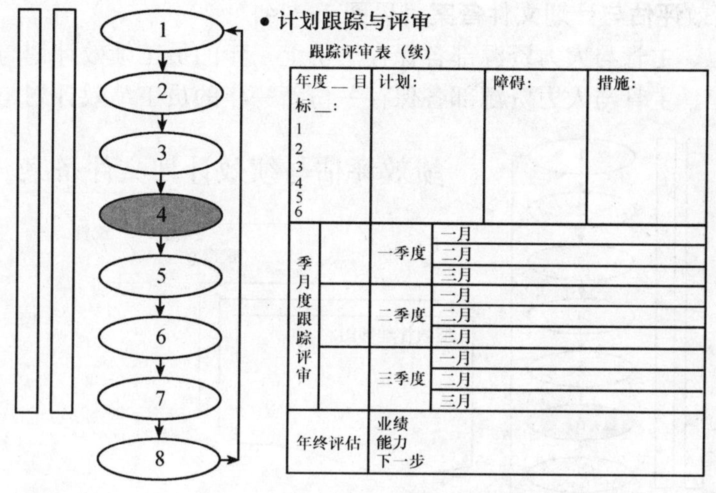

图 1—12　计划跟踪与评审

五、直接主管与员工举行面谈，最后确认行动计划（见图 1—13）

1. 主管就目标行动计划与员工沟通。
2. 员工优化（调整）自己的行动计划。
3. 主管与员工共同签署员工下一年的绩效计划与评估表。

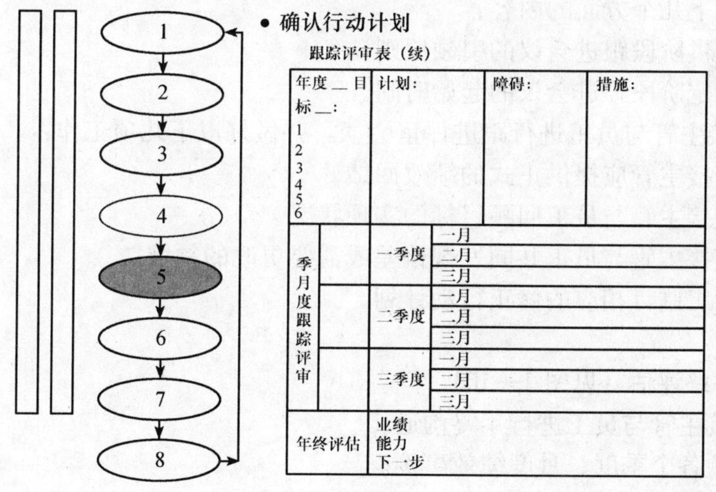

图 1—13　确认行动计划

六、绩效评估与计划文件备案（见图 1—14）

1. 员工、主管与人力资源部各保存一份上一年的员工绩效计划与评估表。

2. 员工、主管与人力资源部各保存一份新一年的员工绩效计划与评估表。

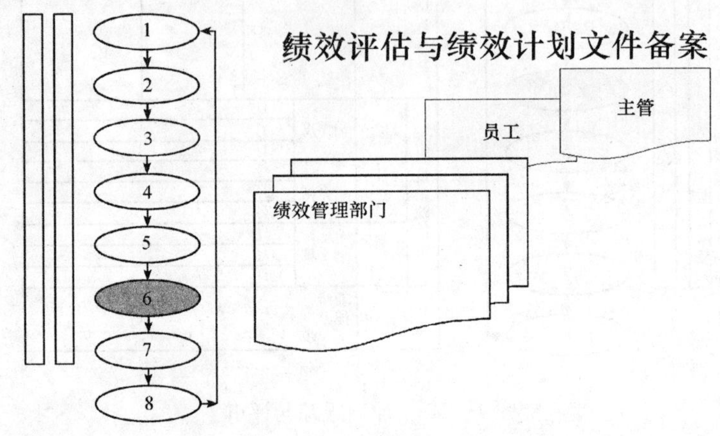

图 1—14　绩效评估与绩效计划文件备案

七、阶段性跟进评审（见图 1—15）

1. 人力资源部向所有主管与员工发出关于阶段跟进评审会议的备忘录，通知应包括以下几个方面的内容：

（1）提供阶段跟进会议的引领原则。

（2）确定阶段跟进会议的起始时间。

2. 直接主管与员工进行跟进评审会谈，并做好以下几项工作：

（1）直接主管应提供正式的绩效回馈。

（2）直接主管与员工回顾目标的实现状况。

（3）直接主管与员工共同发现偏差或需要更改的领域。

（4）员工制订相应的修正行动计划。

八、年终评估（见图 1—16）

1. 直接主管与员工进行年终沟通。

2. 回顾各个季度、月度绩效事例。

3. 讨论最后评价结果。

4. 准备下一年度绩效工作计划。

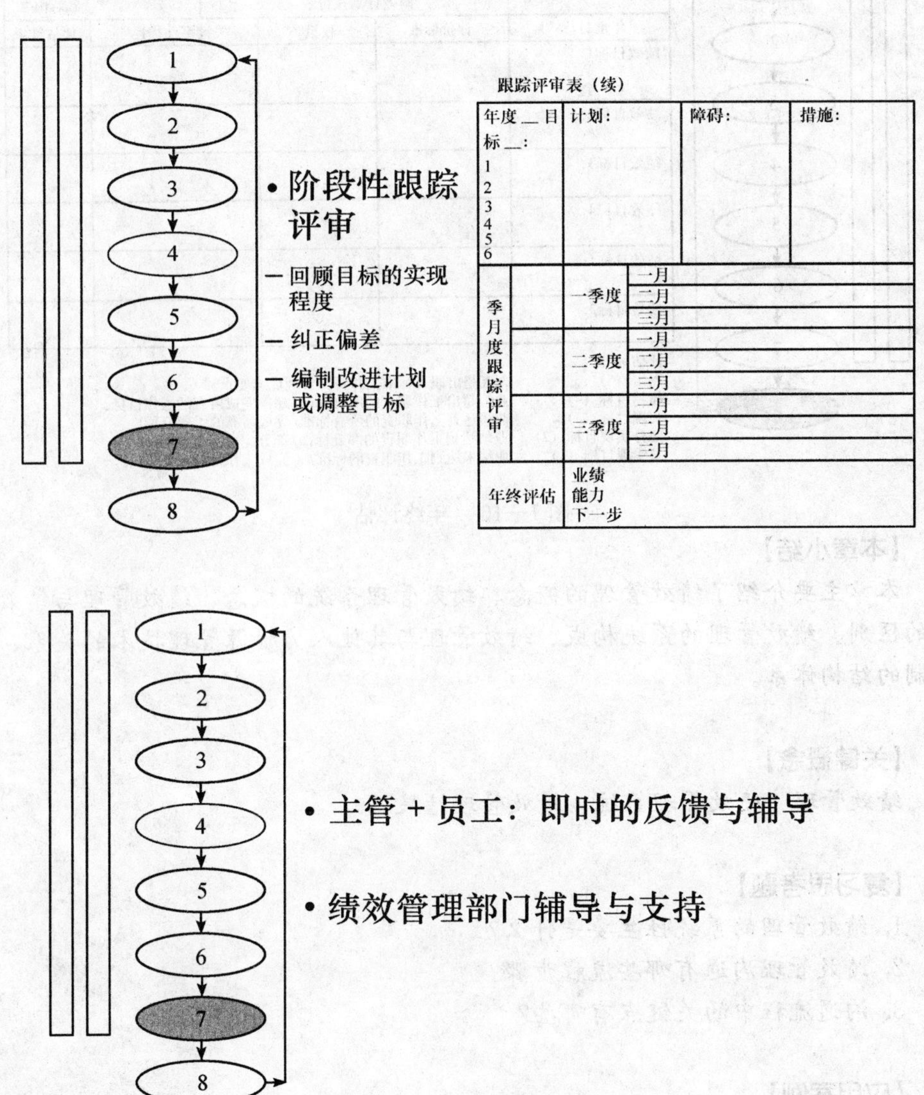

跟踪评审表（续）

年度＿目标＿： 1 2 3 4 5 6		计划：		障碍：	措施：
季月度跟踪评审	一季度	一月			
		二月			
		三月			
	二季度	一月			
		二月			
		三月			
	三季度	一月			
		二月			
		三月			
年终评估	业绩 能力 下一步				

图 1—15　阶段性跟踪评审

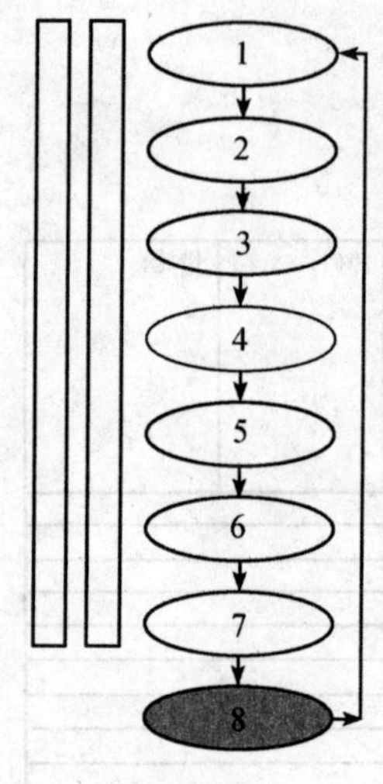

绩效计划与评估表

绩效计划执行表				绩效评估
年度目标	评价标准	权重%	关键事件描述	评估结果
绩效目标1:				
绩效目标2:				
绩效目标3:				
绩效目标4:				
绩效目标1:				
绩效目标2:				

评估标准
杰出（5）： 人人超出职责标准，并符合管理成本要求。
超越目标（4）： 业绩超出工作职责的所有标准/超额完成所有的工作目标。
实现目标（3）： 业绩达到工作职责的所有标准/完成所有的工作目标。
部分实现目标（2）： 业绩达到工作职责的部分标准/部分完成工作目标。
未实现目标（1）： 业绩未达到工作职责的标准/未完成工作目标。

图 1—16　年终评估

【本章小结】

本章主要介绍了绩效管理的概念、绩效管理系统的概念、绩效管理与绩效评估的区别、绩效管理的系统构成、绩效管理与其他人力资源管理技术的关系、三三制的结构体系。

【关键概念】

绩效管理　绩效管理系统　绩效管理结果

【复习思考题】

1. 绩效管理的系统性主要是什么？
2. 绩效管理沟通有哪些流程步骤？
3. 沟通流程中的关键点有哪些？

【应用案例】

从“绩效考核”到绩效管理系统

一、案例背景

B公司是一家通信器材公司，成立于20世纪70年代末，由国家投资发起，成立之初隶属电子工业部。这家企业为国内通信行业提供中间产品，经过20年的发展，下属有8家分公司，员工1万人，年销售额约30亿元人民币，利润4亿元人民币。在20世纪90年代中期之前，由于国内通信需求持继旺盛，作为为通信行业提供部件的上游企业，其产品一直供不应求，尽管只抓生产，不抓销售，日子仍过得红红火火。2001年后通信市场供求关系发生逆转，B公司的各项经济指标不同程度恶化，经济效益持续下降，利税总额从1996年的超过5亿元人民币跌至2002年的1.5亿左右。公司经营业绩从顶峰跌入底谷，日子开始不好过。公司高层管理者认识到，外部环境变了，公司却在原来的轨道上行进。如何恢复企业过去的生气和活力，公司领导希望“堡垒能从内部突破”。2003年初，B公司与咨询公司首次合作，对市场经营部门的组织结构进行优化，并进行了工作分析、岗位调整等人力资源的基础工作。在这个基础上，2003年7月，双方再次合作，重点针对公司的绩效考核体系进行再设计。

二、发现的问题

咨询公司顾问入驻B公司，通过对中高层管理人员和业务骨干的访谈、问卷调查以及资料分析。对B公司进行人力资源全面诊断，B公司在绩效考核方面反映出许多问题，该公司的绩效考核分为年度绩效考核和月度绩效考核，年度绩效考核的结果与年底奖金挂钩，月度绩效考核与月度工资联系。但事实并不是这样，公司的绩效考核对工资、奖金影响很小，工资分配有大锅饭倾向，级别相同，工资收入基本一样。另外由于公司的计划管理不完善，普通员工了解不到公司整体计划的信息，只是接受任务、执行任务，缺少对任务的认识，工作存在偏离公司整体目标的行为，不利于公司目标的实现。

由于在绩效考核指标权重中，业绩只占40%，而且所有人都一样，最终结果是大家都是遵守纪律的好员工，所以，不能推动公司目标的圆满实现。同时缺少能力、客户满意度和跨部门流程等绩效考核指标。

B公司的绩效考核基本各部门独立进行，人力资源部很少给出控制和指导，缺少整体的绩效考核管理制度和流程，现行的绩效考核制度已经几年没有调整，绩效考核结束没有绩效考核面谈，员工也不知道改进的方向。

绩效考核结束后，缺少绩效考核沟通，同时，绩效考核结果只与工资挂钩，在晋升降级、培训、问题分析等工作中没有充分利用，而且绩效考核结果一般都会很好，没有优存劣汰的机制，激励作用很小。

三、对策方案

根据B公司的实际情况，整个绩效考核体系的过程共包括以下三个阶段：建立指标体系、建立绩效管理流程、员工系统激励与培训。

1. 根据B公司绩效考核指标不全面、不合理以及权重不合理的情况，在设计指标体系时，绩效考核从绩效、能力进行全面的考虑，在绩效方面，全面考虑任务绩效、管理绩效和周边绩效，并且根据不同的绩效考核对象和绩效考核期间有所侧重。我们先根据B公司的职位说明书和工作计划情况，先设计出各岗位的关键绩效指标和能力模型，然后与各相关职位和上级主管反复讨论，并最终确定指标和权重，整个指标体系包括绩效和能力两个方面。月度绩效考核主要以绩效考核为主，半年和年度绩效考核综合考虑两个方面。同时不同职位的综合绩效考核，在绩效、能力两个方面的权重也有一定差异，例如，营销部门绩效方面的权重就比较高。

2. 绩效考核管理制度和流程是绩效考核成功实施的保障。而B公司的绩效考核管理制度和流程欠缺，根据这种情况，我们帮助B公司设计了包括制订绩效考核方案、指标设计、绩效考核实施、面谈反馈、绩效考核方案调整、绩效考核申述、绩效结果应用等在内的绩效管理流程和制度，将绩效考核结果与晋升、降级挂钩，实行强制分布，调换或淘汰不合格员工，并与B公司的相关领导进行沟通，使之尽量符合B公司的实际情况，并最终确定。

3. 为了保证绩效考核体系顺利实施，应B公司的要求，我们对B公司的人力资源部管理人员和主管以上管理人员进行包括绩效考核体系在内的一系列培训，并派出一位经验丰富的管理总监进入B公司，全面协助B公司进行全面推行绩效考核体系。经过大约3个月时间，绩效考核体系在B公司顺利运行，并且在B公司人力资源部独立运作，咨询公司撤出管理总监。

简评

通过本次咨询工作，项目组给客户提供了切实可行的绩效考核管理方案，解决了指标设计不合理、绩效考核不成体系、绩效考核激励作用不明显、考核结果单一的问题。

绩效管理是一个完整的体系，要使以绩效考核为核心的人力资源管理体系真正起到发动机的作用，首先要科学地设计绩效考核指标，给员工一种方向感和压力，使所有员工的目标和公司目标保持一致。同时绩效考核的严格执行，又给了员工巨大的激励。最后，员工在自己的岗位上充分发挥自己的潜力，提升了业绩，有了更多的发展机会，企业充满了生机和活力。

思考题

1. 如何理解绩效管理是一个完整的大系统?

2. 绩效管理与绩效评估有什么不同?

3. 你对绩效管理系统中的结构是如何理解的?

第二章

绩效管理中的目标管理

学习目标

本章主要是对目标管理的概念和作用、制定与分解的一般程序、对目标制定与分解的基础性工作，工作分析与职位评估进行了介绍，同时阐述了目标管理与工作分析、职位评估之间的特定联系。通过学习，第一，掌握目标管理的基本概念、分解流程等。第二，掌握工作分析的基本思路，熟练掌握职位说明书与目标来源之间的密切关系。第三，掌握职位评估结果与绩效管理目标难度层级之间的关系。总之，要把目标管理的基本方法与工作分析、职位评估看成不可分割的整体。

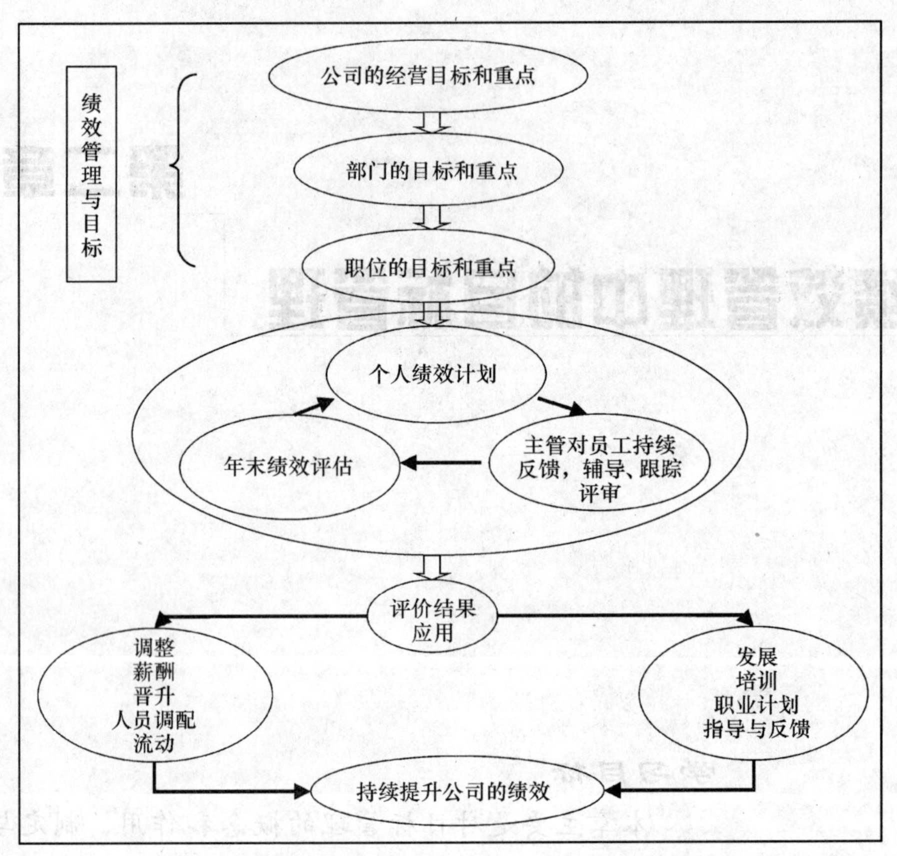

第一节 目标管理导入

绩效管理的具体方法有很多，目前企业使用最多的是目标管理的方法，本节将就目标管理的相关方面做一阐述。

从组织的角度看，目标是组织在一定时期内所期望实现的最终成果，是组织使命的具体化，是组织奋力争取达到的，所希望的未来状况。简单而言，目标是根据组织愿景而提出的在一定时期内要达到的预期成果。一般认为，组织目标可以分为三个层次：第一，环境层的目标。第二，组织层的目标。第三，个人层的目标。

在这里有一个比较容易混用的概念，就是指标与目标。目标与指标有所不同，目标强调的是具体的预期或期望水平。指标是统计学的概念，主要强调从哪些方面来对工作产出进行衡量评估，强调的是方向，与此对应，目标主要是明确指标的具体表现水平与具体特征的描述。

目标管理最早是由著名的管理大师彼得·德鲁克提出的。他认为，“企业的使命和任务，必须（具体）转化为目标”，才能有效率地管理。

目标管理是综合性的管理，是对目标沟通的程序或过程与结果的管理，它的设计与实现没有绝对标准，主要目的是促使公司中的各方面的上下级不断协商，根据公司的使命确定一定时期内公司的总目标、分目标，明确上下级的对应责任，并且理解目标的实现程度与表现标准，理解公司经营、员工评估和奖励的标准。

一、目标管理的全面程序

目标管理是程序化很强并具有一定灵活性的工作，需要有高水平、宏观、全面系统思考的能力。基本要考虑以下几个方面的问题：

（一）目标管理的程序（见图 2—1）

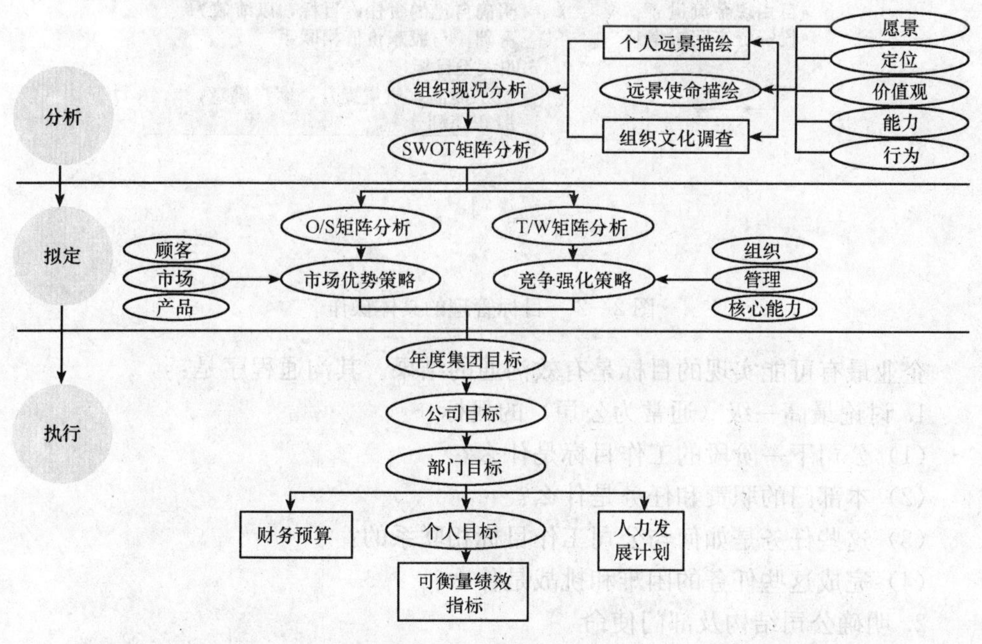

图 2—1　目标管理的程序

由图 2—1 可见，目标管理的程序是分析、诊断、设计、执行的过程。从 SWOT 的全面展开，到客户、市场、产品的分解，到目标确立与职位承担是一个基本的流程。

（二）目标管理的具体操作

对目标的思考，首先要明确企业目的。任何一个企业的存在都是为了创造价值，这些价值可用目标来衡量，如股东回报总额，自由现金流量、投资资本回报率等。在价值的创造过程中，企业的责任是有明确的目标和战略，并指导团队与个体未来的绩效目标实现。各层次员工的责任是明确自己的责任、目标，这些都应以绩效为基础，并与企业价值相联系。目标的设置应考虑四大类目标：员工能力、工作质量、客户需求、股东利益。目标管理的具体操作如图 2—2 所示。

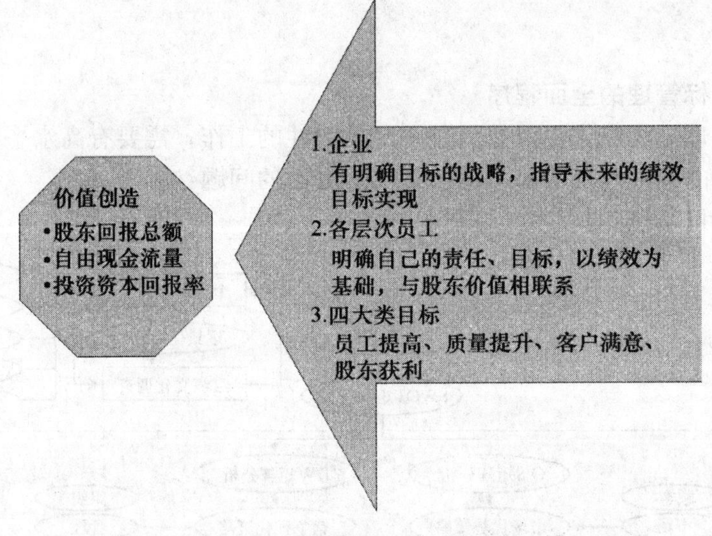

图 2—2　目标管理的具体操作

企业最有可能实现的目标是有效沟通的结果。其沟通程序是：

1. 讨论最高一级（通常为公司）的目标

（1）公司下一阶段的工作目标是什么？

（2）本部门的职责和任务是什么？

（3）这些任务是如何与公司工作目标相联系的？

（4）完成这些任务的困难和挑战是什么？

2. 明确公司结构及部门使命

（1）在了解公司结构的过程中应该注意：

1）上下级关系的明确与对应。

2）责权利是否一致。

3）职能的重叠与空白。

（2）如何理解部门工作使命：

1）该部门在公司中处于何种定位？

2）部门的主要关键营运工作是什么？

3）该部门实现了公司的哪些战略目标？

二、公司目标管理的步骤

1. 下达绩效管理系统实施文件。

2. 确定绩效评估指标体系，提出考核方法，推动计划实施，搞好后续管理，明确收集汇总数据的方法，理解计算绩效分值的思路。

3. 经过与各部门商讨确定对公司层级的绩效评估指标体系。

4. 公司经过与各部门商讨确定部门层级的绩效评估指标。

5. 上级和下级就实现各项目标所需的条件和目标实现后的激励与约束条件达成协议。

三、目标设置的检测

为了确保目标相对科学有效，需要对设置的目标认真地检测，标准如下：

1. 目标是否体现工作的主要特征？

2. 目标是否可以检验？

3. 目标是否明确？

4. 目标是否太多？

5. 目标是否既合理又有挑战性？

6. 实现目标是否具有足够的资源和权限？

7. 下级对分配给他们的职责是否具有控制力？

8. 收集目标信息的成本是否最低？

第二节 绩效管理的基础：工作分析与职位评估

拟订绩效管理目标时要综合考虑三个方面（或三大来源）：一是组织的目标与战略，其次是组织中各职位的职责，再次是市场参照性标准。组织目标的分解是从上向下进行的。职位的职责标准与组织要求衔接，形成职位目标。市场（如国家、行业、竞争对手等）的绩效目标主要是为我们提供参考方向与水平。

本节主要说明职位目标的拟订。职位目标设立的技术基础是工作分析和职位评估。有了这个基础，就可以比较准确地收集职位目标所需要的信息和最终确定与职位相关，并体现职位差异的绩效目标。

一、收集绩效目标最基本信息的工具：工作分析

几乎所有的工作都是从收集关键信息开始的，绩效管理也是如此，工作分析在这方面提供了最主要的工具。

（一）工作分析的概念

工作分析又称职位分析。是以工作职位为对象，观察其任职资格和分析其主要责任、责任标准，并将其结果（关键信息）载入职位说明书的过程。可以说，有好的职位分析就有可能有好的绩效管理。

人力资源管理优化的标志是人职匹配，如何鉴别一个组织的人职匹配程度呢？首先，要确定相对客观的标准。其次，评价（主要通过绩效管理）任职人员与职位的匹配情况。最后，要协调和优化匹配程度（组织协调与员工发展计划等）。

工作分析的主要成果是职位说明书，它着重说明的方面都可以认为是职位任职人应该达到的标准。这些标准在职位说明书中提供。主要包括职位设置基本情况、职位设置总目的、组织关系、任职资格、工作责任与考核标准（方向）、职位胜任能力分级等。

工作分析、职位说明书与绩效管理如图 2—3 所示。

（二）工作分析的绩效原则

1. 针对职位不对人。

2. 针对关键事件不对人。

3. 针对当前特征，兼顾未来。

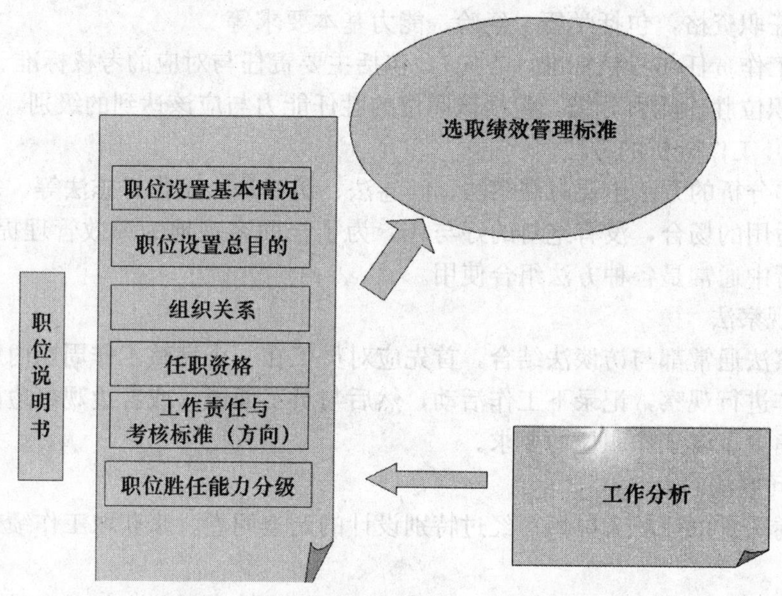

图 2—3　工作分析、职位说明书与绩效管理

4. 针对职责，同时思考对应的待遇。

（三）工作分析的准备工作

工作分析的准备工作是绩效管理的前奏，预先性的绩效管理信息开始传递，起到循序渐进的作用。

1. 公司准备：制定公司的发展目标。

2. 技术准备：选择分析方法。

3. 人员准备：组织工作分析委员会。

4. 宣传准备：制作公告与说明。

5. 资料准备：收集与整理相关资料。

6. 培训准备：分层培训，反馈信息。

7. 开始分析：先试点，后全面分析。

（四）工作分析收集的信息与职位说明书的内容

工作分析收集信息的途径是多方面的，最后形成职位说明书，职位说明书所要求的六项最基本内容包括以下几个方面：

1. 职位设置基本情况，包括职位级别与职位名称。

2. 职位设置总目的，包括约束条件，制度规范要求和达到的关键总目标等。

3. 组织网络关系，即谁考核与考核谁。

4. 任职资格，包括学历、经验、能力基本要求等。

5. 工作责任与考核标准（方向），包括主要责任与对应的考核标准。

6. 职位胜任能力分级，包括该职位的胜任能力与应该达到的级别。

（五）工作分析的方法

工作分析的方法主要有观察法、问卷法、访谈法、工作日志法等。每一种方法各有适用的场合，没有绝对的好与坏。为了全面客观地为绩效管理提供依据，工作分析中通常是各种方法组合使用。

1. 观察法

观察法通常都与访谈法结合，首先应对员工在一个完整工作周期内所完成的所有工作进行观察，记录下工作活动，然后与员工面谈，或者边观察边面谈，以从不同角度了解工作职位的要求。

2. 问卷法

问卷法是由任职人员填写经过特别设计的调查问卷，来获取工作绩效信息的方法。

（1）针对要编写的职位说明书的项目，专门设计题目，由任职人员填写与选择，由此收集与该职位绩效相关的基本信息。

（2）任职人员填写问卷前，最好就填写要领进行必要的指导。

（3）任职人员独立填写，由直接上级审阅。

（4）调查问卷的内容要简明、扼要，不能过于复杂、烦琐。

3. 访谈法

（1）访谈的类型

1）个人访谈：通常针对特定的、有经验的任职人员。

2）群体访谈：通常针对多个特定的、有经验的任职人员。

3）主管人员访谈：通常针对被分析职位的直接上级。

（2）访谈的准则

1）与主管密切合作，先了解基本情况。

2）尽快与被访谈者建立融洽的关系，良好的沟通氛围是好的开始。

3）事前准备好问卷或提纲，准备结构性问卷。

4）认真核对检查资料。

（3）建议访谈的问题

1）你向谁报告？

2）谁向你报告？

3）你在预算上所负的责任如何？

4）你的主要职责有哪些？

5）你怎么运用你大部分的工作时间？

6）你分配的工作从何而来？完成的工作送到哪里或送给谁？

7）你的工作中最具挑战性的是什么？

8）工作之前必须完成哪些准备工作？

9）你要怎样才能提高产品或服务的品质？

10）你觉得有哪些工作是重要的或不重要的？

11）工作过程可以怎样加以改善？

12）可以用什么不同的方式来工作，以降低费用或成本？

13）你必须遵循什么原则、规定、政策等以达成你的职责？

14）在采取行动之前，有哪些决策必须请示或必须通知你的下属？

15）这个工作需要创造性吗？本职位创意和解决问题的能力有什么样的挑战性？

16）你和公司内或公司外哪些人有定期性的接触？这些接触的原则是什么？

17）你的接班人在知识和经验上必须具备哪些资格才能完成现有的工作？

18）请说明你的工作所需要的体力（如果有必要的话）。

19）你如何回答“这个职位设置的必要性”这个问题？

4. 工作日志法

在调查期间，要求任职员工每天记现场工作日记，记下他们一天中进行的所有活动。然后根据工作日记的资料进行分析处理，得到工作分析所需要的信息。

四种主要方法获得工作信息的特点见表 2—1。

表 2—1　　四种主要方法获得工作信息的特点

工作信息	工作分析方法的主要适用特点			
	访谈法	问卷法	观察法	工作日志法
职能	√	√	√	√
任务	√	√	√	√
工作行为	√	√	√	√
关键事件	√	√		
工作背景	√			√
报告关系	√	√		√
所受监督	√	√		√
判断	√			
职权	√			√

续表

工作信息	工作分析方法的主要适用特点			
	访谈法	问卷法	观察法	工作日志法
工作条件	√			√
生理要求	√		√	
知识	√		√	√
技能	√	√		
能力	√	√	√	
个性特征		√		

工作分析的方法应随绩效管理的要求、公司架构、技术条件、人员素质、工作程序以及人力资源政策的变化而变化，同时及时地对职位说明书的内容与架构进行修改。一般来说，可以一年进行一次工作分析审核，调整一些变化的信息。

（六）工作分析的实施与绩效管理的关系（见图 2—4）

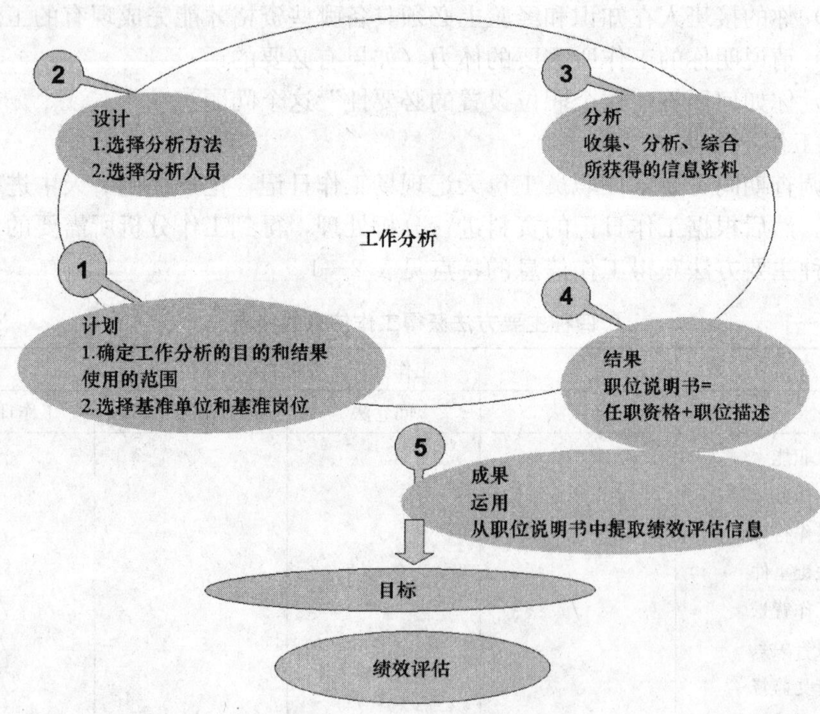

图 2—4　工作分析的实施与绩效管理的关系

从图 2—4 可以看出，前面对职位分析与绩效管理的关系所进行的文字描述，实际上可以表现为一系列的流程与相关内容。

运用工作分析技术，可以使公司内各个职位的职责更加明确，在责权利更加分明的基础上对任职者应产生的绩效进行管理和评估。

工作分析既对一个组织职位体系进行完整的观察，又关注其各个组成部分。即各个职位，关注各个职位之间的相互关系、各个职位与公司的关系，它们在公司中的地位和作用等。

根据工作分析产生工作相关的信息，一方面可以分析出任职者的一些主要任职资格，另一方面可以将工作目的、职责、任务、流程、成果形式等转化为关键绩效指标。

利用工作分析所提供的信息中，要重点观察以下几个方面是否明确，这都是绩效管理要点：

1. 职位描述中的工作职责与任务。

2. 各项职责和任务所占的比重。

3. 与组织内外其他部门和人员的关联关系。

4. 关键职责流程与成果形式。

二、职位说明书的撰写要领

在撰写之前，有些常用的基本概念需要明确一下，职位说明书常见的名称与解释见表 2—2。

表 2—2　职位说明书常见的名称与解释

标准	重点	定义
基本信息	确认基本情况	包括可明确该职位的总体信息
职责概述	明确总体目的	全面总结该职位存在的目的
职责详述	描述职责性质及权限范围	列举该职位的工作义务及职责
汇报关系	确定职位级别	通过组织架构图勾画出上级、同级及下级关系
胜任条件	具有明确胜任该职位的资格要求	描述该职位所要求的信息及理念方面的标准，阐明知识、技能及其他素质要求
批准审核	跟踪审批及更新状况	由审核、确认及接受各方签署并标明日期

（一）基本信息

1. 职位全称。

2. 所在部门。

3. 所在城市。

4. 员工姓名。

5. 职位级别。

6. 直接上司（应注明职位名称，而非在职者姓名）。

（二）职责概述

1. 说明该职位为何存在（总目的）。

2. 简述该职位的核心职责。

注意：完成该职位的各项关键职责详述后再填写总职责概述，可能更容易些。

（三）关键职责详述

1. 依据重要性，列举6～8项关键职责。

2. 关键职责的内容包括以下几个方面：

（1）设立该职位需履行的重大职责。

（2）可在其他员工之间进行分解的职责。

（3）要求高绩效：若未能完成该任务，可能对未来经营成果产生严重影响的方面。

（4）该职责占用大量时间。

（四）报告关系

主要显示与该职位相关密切的周边工作关系。

主要包括上级关系、同级关系、下级关系，在此基础上又分为内部（本职位权限内）关系和外部（本职位权限外）关系。

注意：较为简便的做法为先确认公司总体构架，再分解权限与报告关系。

（五）胜任条件

具体阐明胜任该职位所必备的资格要求，包括以下几个方面：

1. 教育与培训背景。

2. 相关工作经验。

3. 知识素质能力层次（含基本技能：外语水平、计算机技能、其他特殊要求；专业技能：所在职位要求的专业、能力等）。

关键：工作经验、学历及知识的最低要求不必与现有任职者的水平相同。

关于职位胜任能力可以用分层的办法表示，并定义该职位胜任能力应达到的级别，如人力资源经理应达到10大管理能力中，有些要求达到第3级（级数越高要求越高），有些特别重要的要求达到第4级等。

（六）批准审核

职位说明书应由员工本人签字，直接主管和间接主管审核，并由总经理最终审批确认。职位说明书具有与劳动合同一般的法律效力，其中绩效考核标准是非常严肃的。

在对职位说明书进行批准审核的同时还需决定：

1. 何时由何人负责协调各经理?

2. 职位说明书于何处归档?

3. 是否将职位说明书的内容置合同附件中、制度手册中或网上。

（七）撰写职位说明书的指导原则

1. 描述现有职位，而非未来将设的职位，因为有时职位内容并不按预期发生变化。但有些职位说明书要求（如任职资格）有一定的预计性，或与职业发展计划相衔接。

2. 避免使用专有名词，因为这类名词容易发生变化。

3. 避免简称及缩写。使用全称来撰写职位说明书，以便使不熟悉本公司、本行业或专业术语的人都能读懂。

三、职位说明书与绩效管理依据的提炼

对于绩效管理来说，职位说明书是作为工作分析的成果表现出来的，在职位说明书中，首先要考虑的是以下内容有无遗漏与重复。

（一）工作职责和任务

工作职责和任务是进行绩效管理的基础和依据，对任职者的绩效评估就是根据这些工作任务和职责进行的，把员工在一定时期内的实际工作结果和应达到的目标要求进行对照，就能得出该员工的绩效实际水平。

（二）能力层级界定

能力层级是绩效结果产生的行为表现。把员工行为与标准行为比较，可以看出员工发展的潜力。

（三）与公司内外其他部门和人员的关系

通过与公司内外其他部门和人员的关系，就可以看出任职者工作结果的输出方向，在进行评估时，跟他（她）发生关联的人员就可以对任职人的工作结果进行评估。

四、职业说明书中的员工基本知识与技能

员工基本知识与技能见表2—3。

表 2—3　员工基本知识与技能

1. 对公司产品及业务流程的了解	了解基本流程	讲解并提出建议	指导他人，分析解释清楚	培训本部门员工	带领整个团队创新
2. 业务知识	了解基本情况	分析说明并联系工作诠释	多方案的设计与沟通	知识全面并能进行创新性运用	获得整个团队的认可和实际价值创造
3. 市场敏锐性	观察了解信息	整理分析报告	提出建议	能判断并掌握较长期、关联性的管理策略	全面深入地开拓市场
4. 谈判技巧	基本了解谈判方	提出根据，引领对方	对方妥协并确定新建议	发挥群体智慧	取得成功并获取利益
5. 客户关系管理	建立基本客户关系	沟通顺畅，关系融洽	发现新需求	能建立关键客户信息系统，并跟进改善	提出针对性的新方案，并行之有效
6. 分析和解决问题的能力	表述清楚，符合逻辑	根据逻辑，多途径联想	全面系统，多角度分析，有完整的结构	在所在的专业与业务领域提出开发方案	全面深入的方案
7. 沟通能力	简单传递基本信息	解释与基本分析	建议与表述	说服与辅导	自信、令人信服、创造性引领与推动
8. 时间管理	工作有基本安排	初步的职位工作计划	根据情况有根据的调整计划	全面推动部门计划	配合实施公司全局业务计划
9. 演示技能	在公众场合能够表达	配合工具设备自由表达	引领听众参与回馈	能代表公司对重要听众专业性地进行演示	对外全面，互动引领，影响深刻
10. 人员管理能力	了解员工基本需求	关心与协助	计划性指导	引领、培训和评估部门员工全面的绩效与能力	创造性、差异化的设计，推动员工绩效管理制度与激励制度
11. 创新能力	简单模仿	大部分模仿，少量提出新思路	少量模仿，大量借鉴外部经验，提出新思路、实施方法	基本没有可以借鉴的经验	获得专利或国家级奖励
12. 策略规划能力	收集信息，策划基本策略	策略有根据，发现问题及时	预计潜在的问题和未来发展趋势	对策清楚，实施方案获得广泛认可	方案非常成功，实现对市场的广泛影响，提升公司竞争力

五、职位说明书示例

职位说明书没有绝对统一的描述方法，在针对不同的目的时，所使用的写法可以有所不同。下面举两个职位说明书样本，应注意学习它的架构和各部分内容的描述方法，思考它与绩效管理的关系。

（一）财务部经理职位说明书示例

<table>
<tr><td rowspan="2">职位：
财务部经理</td><td>部门：财务部</td><td>日期：</td></tr>
<tr><td>公司职位级别：</td><td>任职人：</td></tr>
<tr><td>任职人所在部门职责（大纲）</td><td colspan="2">1. 认真贯彻执行国家财经政策、法规和企业规章制度
2. 编制公司年度财务成本计划，按月编制会计报表，定期进行经济活动分析
3. 负责公司的会计核算，加强对固定资产和流动资金的管理，提高资金使用效率
4. 建立完善公司财务内部稽核制度和牵制制度
5. 负责审核公司日常费用支出的报销，加强会计监督和会计核算
6. 负责公司经营管理所需资金的筹措及应用
7. 负责营业税、个人所得税、企业所得税、印花税、车船税费等计算、申报和按期上缴工作
8. 负责营业执照、勘察设计批准证书、税务、财政、外汇等登记证的年检工作
9. 为公司重大经营决策、投资决策、发展决策提出财务分析意见
10. 协调和管理分支机构的财务工作
11. 完成公司其他有关工作</td></tr>
<tr><td>职位总体目标（主要职责概述）</td><td colspan="2">在公司总经理的直接领导下，根据公司发展战略和经营目标，建设支持公司业务目标实现的财务管理体系，负责公司财务预决算、财务核算、会计监督，通过有效的财务管理提高公司资金运转效率</td></tr>
</table>

公司关系图

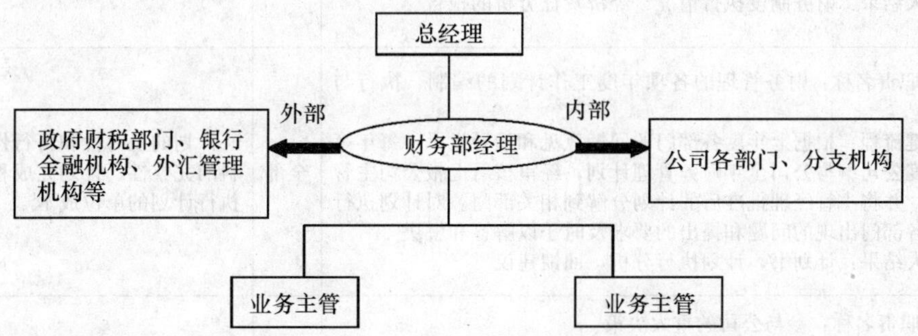

注：该图是本职位直接公司关系（包括纵向的报告和管理关系，横向的协调合作关系）的示意图，间接的报告和管理关系不做进一步的标注，如需要明确本职位上一级或下一级的报告和管理关系，请参见直接上级主管或下属的职位公司关系图

续表

任职资历	
教育水平	大学本科及以上学历
工作经验	5～8年大型企业财务管理工作经验
专业知识	财务会计、金融、经济管理专业毕业
通用技能	能力及知识要求：在财务管理与分析、投资分析、银行业务等方面有敏锐的洞察力熟悉国际国内政治经济环境，与银行界有良好的关系，熟悉国家税收、会计、外汇管理等政策以及银行的相关政策，熟知财务管理流程，能熟练使用计算机。了解国内外同行企业经营和财务管理模式及改制对策。熟悉建筑设计领域的基本知识。能灵活运用人力资源管理、心理学、公司学、战略研究等知识，具有良好的沟通能力。 品格要求：严谨、保守机密，有高度责任感、有全局意识、原则性强、忠诚度高 必要的证书：会计证，中级以上会计职称证书

具体职责 （指员工实现总体工作目标需要采取的行动）	权限	提交成果的标准（指员工完成上述工作应该实现的成果方向，具体数量标准见主管与员工签订的绩效管理计划书）
1. 职责名称：公司财务发展规划的筹划与审核 关键流程：根据公司发展战略，提出公司里财务发展规划的思路，指导机关、部门有关人员起草具体计划，审核后，报公司主管经理审核，经总经理办公会讨论通过后实施 重大结果：规划报告	全部	规划的完整性、有效性、通过率、创新性；资料收集成本、资料的完整性和准确性
2. 职责名称：年度财务管理的制度筹划与审核、监控 关键流程：年初提出并引领相关部门及本部门下属起草年度的财务制度（财务管理办法，财务管理流程、报告体系等）与相关的规则，报主管经理审阅，经总经理办公会讨论后批准贯彻。将批准后的新制度与各部门、分公司沟通宣讲，并定期对执行的情况进行监督与审核，同时负责对分公司分管人员进行经济责任审计 重大结果：财务制度执行情况，经济责任分析的报告	全部	制度、流程的及时性、完备性、合理性、通过率；部门的满意度；监督和审核的有效性
3. 职责名称：财务管理的各项年度工作计划的编制、执行与监控 关键流程：根据上年度各部门的回馈意见和领导批示，每年第一季度公司编写公司全年财务管理计划，经审核后上报公司主管经理，并将主管经理批准后的计划分解到相关部门。对计划执行当中各部门出现的问题和提出的要求及时予以解答和解决 重大结果：计划书，计划执行分析，回馈建议	全部	计划的及时性和可行性，资料的完整性，计划完成程度和执行计划的单位成本
4. 职责名称：参与公司的重大决策 关键流程：参加公司的办公会议，对涉及公司重大的经营决策、投资决策和发展决策等事件，提供财务方面的分析意见，并会同公司领导和各部门制订重大事件的方案 重大结果：方案建议书	全部	建议的有效性、可行性和成本控制，部门满意度

续表

具体职责 （指员工实现总体工作目标需要采取的行动）	权限	提交成果的标准（指员工完成上述工作应该实现的成果方向，具体数量标准见主管与员工签订的绩效管理计划书）
5. 职责名称：财务相关政策和经济活动的研究和分析 关键流程：根据公司发展战略和部门要求，及时了解国家财税、金融、外汇、汇率、利率、利税等政策的变动情况，搜集相关政策信息和资料，并定期进行相关政策和经济活动的研究、分析，向公司主管经理提出对策报告，定期检查执行情况 重大结果：财务政策和经济活动调研及分析报告	全部	政策收集的成本、完整性、及时性和准确性，建议的创新性和可采纳性
6. 职责名称：财务预算 关键流程：每年年初公司各部门制定财务预算（包括费用预算、利润预算及资本性收支预算等），并对预算部门实施监控、分析等管理工作 重大结果：预算分析报告	全部	预算的及时性、完整性、合理性和可行性
7. 职责名称：公司的会计管理 关键流程：根据公司有关管理制度、上级主管部门的要求和领导指示，进行本部的日常财务管理工作，定期编制财务报表（月报表、季报表和年度报表），并对公司财务进行分析，提供财务建议，上报主管经理和公司领导，为领导决策提供支持 重大结果：财务报表，财务建议书	全部	报告的及时性、完整性，建议的有效性、可行性和成本控制，领导满意度
8. 职责名称：费用报销管理和核算 关键流程：根据总公司有关费用的管理规定和制度，对公司相关人员进行有关费用的财务核算及日常费用报销，以及相应的文件、资料的归档管理工作 重大结果：费用报销核算报告，费用报销审查	全部	报销的及时性、准确性，客户满意度
9. 职责名称：提供财务资产分析报告 关键流程：定期编制、审核公司及分支机构的资产报表，定期编制财务状况说明书，进行财务分析，提供财务建议，为领导决策提供支持 重大结果：资产分析报告	全部	报告的及时性、完整性，建议的有效性、可行性和成本控制，领导满意度
10. 职责名称：资金计划与管理 关键流程：根据公司的发展规划和部门工作计划，每年年初编制公司的资金预算计划，报主管经理和总经理办公会审批后，进行公司资金的各项管理工作，并根据经营情况变化审核修正财务预算，监督预算执行情况 重大结果：资金预算计划和分析报告	全部	资金预算计划编制的完整性、及时性和准确性，计划的完成情况

续表

具体职责 （指员工实现总体工作目标需要采取的行动）	权限	提交成果的标准（指员工完成上述工作应该实现的成果方向，具体数量标准见主管与员工签订的绩效管理计划书）
11. 职责名称：公司各种国税、地税管理和核算 关键流程：根据国家税法规定、公司经营业务预算和费用计划，年初公司相关人员筹划涉及国税（主要是企业所得税）和地税（主要是个人所得税、营业税）方面的纳税方案并制订出相应的实施方案，引领并监督、审核相关人员日常的纳税申报工作 重大结果：纳税清算并保证准确	全部	税务管理的及时性和准确性
12. 职责名称：部门员工考核和培训 关键流程：负责对部门员工绩效目标与绩效评估的管理工作，审核员工培训计划，对下属职业生涯的发展进行引领，将培训计划与结果报人力资源部备案 重大结果：绩效目标，培训计划	全部	考核指标设立的科学性、合理性、培训效果和员工满意度
13. 职责名称：本人能力发展计划 关键流程：年初向直接主管提交个人能力发展计划，包括能力发展计划目标和各阶段实施步骤，定期向主管回馈能力发展（培训、自学等）需要支持的方面，并及时调整。对计划执行情况经直接主管审核后报人力资源部备案 重大结果：个人发展与需求计划	全部	计划的完整性、完成程度；新建议的及时性、有效性；提出计划的主动性
14. 职责名称：完成领导临时交办的其他任务	全部	完成工作的及时性、工作完成质量和领导满意度

（二）人力资源部经理职位说明书示例

<table>
<tr><td rowspan="2">职位：
人力资源部经理</td><td>部门：人力资源部</td><td>日期：</td></tr>
<tr><td>公司职位级别：</td><td>任职人：</td></tr>
<tr><td>任职人所在部门职责（大纲）</td><td colspan="2">1. 负责公司人力资源管理制度的执行
2. 负责编制人力资源的各项计划
3. 负责总公司人事管理（调配、录用、考核、选拔、任用）、驻外机构人员管理（派出、调回、考核）及专业技术人员管理工作（评定专业技术职称、进行业务考核）
4. 负责总公司的工资管理、有关保险福利、奖金分配、劳动调配、退休、抚恤办法的制定与管理
5. 负责对分支机构人事的归口管理和领导班子考核和管理
6. 负责职工培训教育，进行各种业务技术培训、职位技能培训
7. 负责办理公司出国人员的政审、护照及签证工作
8. 负责人事档案的管理工作
9. 按照国家不同时期对劳动用工制度改革的要求，及时地编制出适合总公司实际的各项改革方案
10. 建立完善的考核体系及奖惩办法，创造平等竞争的条件
11. 负责员工有关证明文件的核发工作</td></tr>
</table>

续表

职位总体目标（主要职责概述）	在公司长期与短期目标及工作计划的引领下，对公司人力资源发展计划进行有效实施与执行。督促各部门按公司统一要求作业，提升公司核心管理能力与业务管理能力，支持核心业务向纵深发展，使服务增值，为公司创造利润提供有利的人文环境。与此同时，作为公司高层经理层的成员，参与公司经营的战略规划

公司关系图：

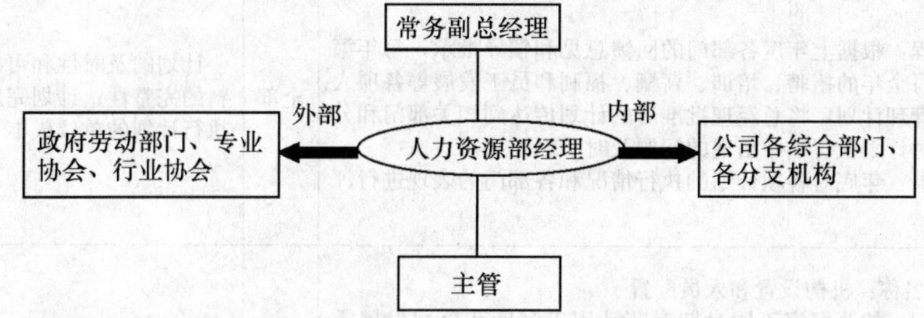

注：该图是本职位直接公司关系（包括纵向的报告和管理关系，横向的协调合作关系）的示意图，间接的报告和管理关系不做进一步的标注，如需要明确本职位上一级或下一级的报告和管理关系，请参见直接上级主管或下属的职位公司关系图

任职资历

教育水平	大学本科及以上学历
工作经验	5～8年以上相关工作经验
专业知识	人力资源管理、管理学等相关专业
通用技能	具有较强的战略规划能力、方案设计能力、领导能力、控制能力、沟通能力、信息处理能力，心胸开阔、具有较高的演说水平和洞察力，具有较强的承受力和协作精神，与高层的沟通能力，熟悉国家人事政策、精通人力资源管理制度、方案和流程的设计，熟练掌握心理学、管理学专业知识，英语读写熟练，熟悉设计领域的基本知识 品格要求：头脑灵活、责任心强、服务意识强、洞察力强

具体职责（指员工实现总体工作目标需要采取的行动）	权限	提交成果的标准（指员工完成上述工作应该实现的成果方向，具体数量标准见主管与员工签订的绩效管理计划书）
1. 职责名称：公司人力资源开发与管理战略拟订 关键流程：定期起草与调整总公司人力资源开发与管理战略，报总经理办公会讨论通过，将人力资源战略目标分解到各相关综合部门、业务部门和分支机构，并协助他们拟订实施计划 重大结果：对计划中出现的问题提出情况分析与战略调整报告	全部	战略的完整性、有效性、通过率、创新性，资料收集成本，资料的完整性和准确性
2. 职责名称：公司年度人力资源管理制度的拟订、执行与监控 关键流程：年初提出并起草年度的人力资源管理制度调整计划，报主管经理，并经总经理办公会讨论批准。将批准后的新制度与各部门和分支机构沟通并宣讲，并定期对执行情况进行监督与审核 重大结果：定期形成新制度执行状况的回馈报告	全部	制度、流程的完备性、合理性，部门的满意度

续表

具体职责 （指员工实现总体工作目标需要采取的行动）	权限	提交成果的标准（指员工完成上述工作应该实现的成果方向，具体数量标准见主管与员工签订的绩效管理计划书）
3. 职责名称：人力资源管理各项年度计划的编制、执行与监控 关键流程：根据上年度各部门的回馈意见和领导批示，每年第一季度编写全年的招聘、培训、薪酬、福利和员工发展等各项人员开发与管理计划，将总经理批准后的计划传达到相关部门和分支机构，对计划执行当中出现的问题及时予以解决 重大结果：年底对各项计划的执行情况和各部门的表现进行评估	全部	计划的及时性和可行性，资料的完整性；计划完成程度和执行计划的单位成本
4. 职责名称：机构设置和人员配置 关键流程：按照国家不同时期对劳动用工制度和公司发展需要，提出机构设置、定编、定岗和人员招聘、选拔、分流与安置等人事调配实施方案，建立并不断调整职工合同制管理的办法，报总经理审批，批准后公司实施 重大结果：对方案的实施效果进行定期评估	全部	方案的可行性和完整性，方案的采纳率和满意度
5. 职责名称：人事调配和劳动合同管理 关键流程：根据国家人事政策和公司的发展战略，针对吸收的应届毕业生、外地调干、解决夫妻两地分居、人员调进（出）、中转关系、内部调动等不同情况和要求，进行接待、招聘、签订协议、审核、上报材料、阅档、商调，分别办理各种手续。提出建立和完善职工合同制管理的办法，报总经理和总经理办公会审批。按规定办理员工签订、变更、续订、解除、终止劳动合同手续，并负责劳动合同的日常管理工作 重大结果：人员调配记录，劳动合同变动登记表	全部	人员调配制度、流程的完整性、有效性和创新性 各类手续办理的及时性、准确性；领导和员工满意度
6. 职责名称：薪酬福利的管理 关键流程：根据公司的经营状况与市场劳动力竞争状况，定期收集薪酬福利的有关信息，对公司的劳动工资、福利、社会保险、人事统计及离退休职工政策的执行情况定期汇总、报告，向总经理办公会提出改进建议报告 重大结果：及时提出薪酬福利（工资管理、保险福利、奖金分配、退休、抚恤等）激励对策的新建议	全部	人工成本控制，员工满意度，领导满意度，方案调整的及时性
7. 职责名称：资质与聘任人员管理 关键流程：根据国家、上级主管部门和公司技术职务评聘管理制度、资质政策，拟订公司中高层专业技术职务和工人技术等级的资质管理、聘任政策与实施计划，报总经理批准后实施，并监督整个资质管理、评聘过程的公正性，及时提交工作报告 重大结果：资质与聘任人员工作报告	全部	领导满意度，人员聘任和配备的合理性

续表

具体职责 （指员工实现总体工作目标需要采取的行动）	权限	提交成果的标准（指员工完成上述工作应该实现的成果方向，具体数量标准见主管与员工签订的绩效管理计划书）
8. 职责名称：关键员工评估和管理 关键流程：按照公司中高层人员的管理制度和考核有关规定主持公司各综合部门、业务部门和分支机构领导干部的考核、考察，评估公司有关人员的相应资格，提出聘任建议，报总经理审批 重大结果：向总经理提交考核结果与人员调配、晋升或其他奖惩建议的报告	全部	领导满意度，人员配备的合理性
9. 职责名称：关键员工培养计划 关键流程：根据公司的业务发展与管理要求，分析员工成长所需要的核心能力，提出对关键职位绩效突出人员的培养计划，以培训为主要手段，定期评估培训计划的完成情况 重大结果：与各部门经理共同制订员工的下一发展计划	全部	培训计划的完成程度、培训成本、培训评估效果，关键员工保有率、员工满意度，信息收集的完整性
10. 职责名称：人力资源制度的日常管理 关键流程：根据总公司人力资源战略，帮助各部门和子公司理解公司人力资源管理流程，并对他们提出的各项需求及时给予回馈意见 重大结果：建立有效的信息回馈渠道（专职负责，定期报告）体系	全部	部门满意度，回馈的及时性和有效性
11. 职责名称：成本与费用控制 关键流程：审核和控制公司员工培训与发展费用和本部门各项费用支出，监督费用的使用情况 重大结果：定期提交分析报告	全部	员工发展费用和本部门费用的实际控制程度和计划
12. 职责名称：部门员工的考核和培训 关键流程：提出本部门的日常工作标准，定期对员工的绩效目标进行审核与绩效评估，帮助员工拟订技能开发和职业生涯发展（如自学、培训、职位轮换等）计划 重大结果：对计划实施跟进引领，及时提出改进建议	全部	发展计划的合理性，计划的完成程度，员工满意度
13. 职责名称：个人能力发展计划 关键流程：年初向直接主管提交个人能力发展计划，包括能力发展计划目标和各阶段实施步骤，定期向主管回馈能力发展（培训、自学等）需要支持的方面，并及时调整。对计划执行情况及新的调整经直接主管审核后报人力资源部备案 重大结果：个人发展与需求计划	全部	计划的完整性、完成程度；新建议的及时性、有效性、提出计划的主动性
14. 职责名称：完成领导临时交办的其他任务	全部	完成工作的及时性、工作完成质量和领导满意度

（三）技术研究院“主任工程师”职位说明书示例

职位： 主任工程师	部门：专业所	日期： 任职人：
职位总体目标 （主要职责概述）	协助所长进行过程控制，保证所内生产任务的顺利实施。对所内技术质量负责，保证设计产品的出图质量，协助所长对所内员工实施培训	

组织关系图：

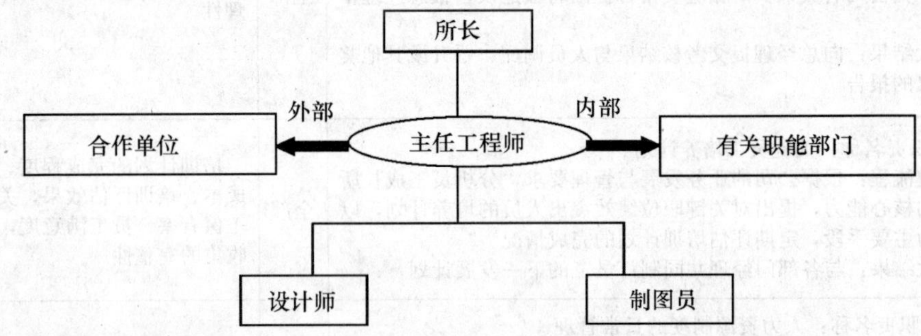

注：该图是本职位直接组织关系（包括纵向的汇报和管理关系，横向的协调合作关系）的示意图，间接的汇报和管理关系不做进一步的标注，如需要明确本职位上一级或下一级的汇报和管理关系，请参见直接上级主管或下属的职位组织关系图。

任职资历

教育水平	大学本科及以上，具有本专业最高级注册资质
工作经验	10年以上从事本专业工作经验，参与起草过国家或行业标准、规程、规范，经有关部门审批已经颁布实施，主持过一项或为主承担两项特大中型工程项目，具有完成项目的立项、论证、方案设计、实施、回访总结或重大问题处理的技术报告全过程的经历
所需专业	工程设计及相关专业
通用技能	能力及知识要求：具有系统、坚实的专业理论知识，掌握与本专业相关的专业技术知识，对所从事的专业有深入的研究和独到的见解，在同行业中具有较高知名度，为本专业学科带头人。掌握本专业国内外最新技术现状、最新科技信息和发展趋势，全面掌握与本专业有关的技术标准、规程规范及相关的法规，精通本专业质量管理的内容和要求。具有组织特大型工程项目设计或为主开发高新技术或产品的能力。具有将国内外先进技术或最新理论应用于科研、设计等实际工作，开拓新的研究领域或解决实际工作中重大技术问题，或在某一领域中有显著的技术性突破能力 品格要求：原则性强、稳重、有责任感、严谨、全局意识、敏锐、敬业、保守机密

续表

具体职责 （指员工实现总体工作目标需要采取的行动）	提交成果的标准（指员工完成上述工作应该实现的成果方向，具体数量标准见主管与员工签订的绩效管理计划书）
1. 职责名称：协助所长制定本专业发展计划 关键流程：根据院总体战略规划，协助所长组织编制本专业发展计划和业务建设计划 重大结果：拟订和实施本专业发展计划	发展计划制定的完整性、有效性、创新性
2. 职责名称：主持本专业评审等工作 关键流程：主持本专业所级设计评审会议，负责本专业技术方案确定、技术把关、设计优化、设计文件评审 重大结果：设计优化，设计评审	设计优化设计评审的及时性、有效性
3. 职责名称：协助所长对员工进行考核 关键流程：根据院有关考核制度和考核办法协助所长对本所员工进行绩效考核，结合员工的技术水平和客户满意度等多种因素对员工进行综合考评，填写奖金核定表并对职位级档的调整提出建议 重大结果：员工考核记录，奖金核定表，职位级档调整建议书	有无员工考核记录，业绩评估的准确性 奖金核定准确性
4. 职责名称：协助所长对员工进行培训和职业生涯管理 关键流程：拟订员工培训计划，组织员工进行业务学习与学术交流，结合本部门的实际生产工作，针对性地培养技术骨干。指导员工制订职业发展计划 重大结果：员工培训计划，员工职业发展计划	员工培训计划的完整性和可行性，有无员工职业发展计划
5. 职责名称：质量职责 关键流程：根据国家技术规定和质量标准，做好项目中本专业的技术管理工作，监督各个设计项目的质量。指导、监督本专业人员实施质量体系文件，研究、处理本专业设计中重要的技术质量问题。随项目做好质量考核记录，落实质量奖惩 重大结果：技术管理、文档和质量报告	各种文件提供的及时性（反馈速度）、准确性，报告、资料归档的完整性
6. 职责名称：编写设计标准、规范以及课题攻关 关键流程：根据年度计划，组织本所有关人员编写本专业设计标准、设计规范，及时更新设计标准、规程规范。按照院里科研计划或结合具体项目组织人员进行课题攻关 重大结果：编写设计标准、规范以及课题攻关	编写设计标准、规范的数量；完成攻关课题数
7. 职责名称：业务学习和技术交流 关键流程：根据计划或院、所的工作安排，组织本专业的业务学习和技术交流活动，协助所长帮助员工制订职业发展计划 重大结果：业务学习和技术交流	业务学习和技术交流次数
8. 职责名称：完成领导临时交办的其他任务	完成工作的及时性、工作完成质量和领导满意度

（四）技术研究院“一级设计师”职位说明书示例

职位： 一级设计师	部门：专业所	日期： 任职人：
职位总体目标 （主要职责概述）	遵守各项管理制度，积极完成设计任务，保证项目设计进度和设计质量。掌握本专业技术前沿，积极在国家级核心刊物上发表论文。主要承担特大型、大型和技术极其复杂项目的高阶段设计和主体车间配置。负责设计、审核和审定等工作	

组织关系图

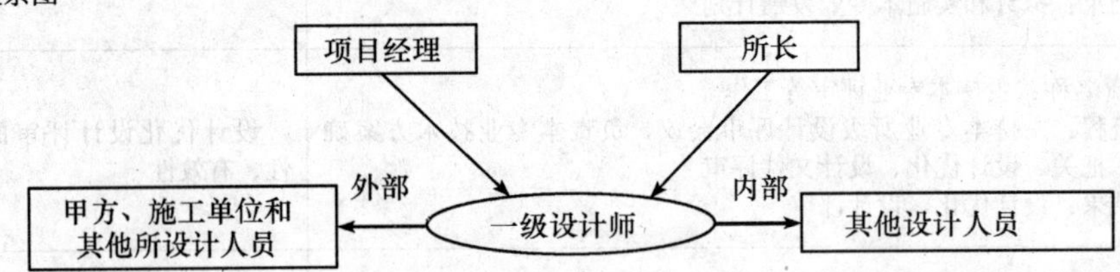

注：该图是本职位直接组织关系（包括纵向的汇报和管理关系，横向的协调合作关系）的示意图，间接的汇报和管理关系不做进一步的标注，如需要明确本职位上一级或下一级的汇报和管理关系，请参见直接上级主管或下属的职位组织关系图

任职资历	
教育水平	大学本科及以上
工作经验	10 年以上工作经验，主持过国内外两个以上特大型、大型项目设计，具有主持大型工程技术改造、设备、工艺技术和产品质量改进项目全过程的经历，承担过部级以上行业技术标准、技术规范的制定工作
所需专业	工程设计或相关专业
通用技能	能力及知识要求：具有系统、坚实的专业理论知识，对所从事的专业有深入的研究和独到的见解，在同行业中具有较高知名度。掌握本专业国内外最新技术现状、最新科技信息和发展趋势，全面掌握与本专业有关的技术标准、规程规范及相关的法规。具有指导二级设计师工作和学习的能力。具有审定高阶段设计方案和设计文件、施工图和计算书的能力。有丰富的设计和管理实践经验，对本专业的科技成果有评价和鉴定能力，有解决本专业重大或关键技术问题的能力 品格要求：有责任感、严谨、全局意识、敬业、保守机密

具体职责 （指员工实现总体工作目标需要采取的行动）	提交成果的标准（指员工完成上述工作应该实现的成果方向，具体数量标准见主管与员工签订的绩效管理计划书）
1. 职责名称：确定设计方案 关键流程：负责确定特大型、大型项目和技术极其复杂项目的设计方案，认真开展方案的比选和优化。参与或主持重大新技术新工艺的推广应用，提高专业设计方案的水平 重大结果：设计方案	设计方案的比选和优化

续表

具体职责 （指员工实现总体工作目标需要采取的行动）	提交成果的标准（指员工完成上述工作应该实现的成果方向，具体数量标准见主管与员工签订的绩效管理计划书）
2. 职责名称：准备设计条件 关键流程：根据总体开工报告的要求，认真收集有关设计资料，精心准备和指导他人准备特大型、大型项目的设计条件，按计划向相关专业提（返）设计条件，保证提（返）的设计资料满足《工程设计互提条件的原则规定》的要求 重大结果：提（返）设计资料	设计进度，资料的准确性和完整性
3. 职责名称：编制高阶段设计文件 关键流程：负责编制特大型、大型项目和技术极其复杂项目的高阶段设计文件，确保高阶段设计文件的质量在优良以上。及时将电子文档提交项目经理汇总。对文件、图表、附件和附图的内容和深度负责 重大结果：高阶段设计文件和电子版	设计文件的内容和深度
4. 职责名称：绘制主要施工图 关键流程：绘制特大型、大型项目的配置图，指导二、三级设计师按时完成设计任务。确保设计图纸符合专业制图规定，满足施工安装等要求 重大结果：施工图成品和电子版	A、B、C 类错误的数量，设计进度
5. 职责名称：承担设计审核或审定 关键流程：承担特大型、大型项目的设计审核或审定业务，严格按照有关标准、规范及设计原则对所负责的设计文件进行全面的审核 重大结果：设计审核及审定记录	设计审核或审定记录的完整性和可追溯性
6. 职责名称：现场施工服务 关键流程：按照项目经理的要求，参与特大型、大型项目和技术极其复杂项目的设计审查、施工图交底和现场施工服务工作，配合施工单位解决施工过程中出现的设计问题，全面负责现场设计更改任务，做好现场服务备忘录 重大结果：设计变更单；现场服务备忘录	设计变更单的及时性和准确性。现场服务备忘录的及时性和可追溯性，客户的满意度
7. 职责名称：技术创新 关键流程：根据设计和实际生产中遇到的技术难点，提出技术创新、研究开发和业务建设课题并指导实施，提高整体专业技术水平和核心竞争力。掌握本专业前沿知识，成为本技术领域的学术带头人 重大结果：技术创新、研究开发和业务建设课题	技术创新、研究开发和业务建设课题的数量和可实施性，承担的角色
8. 职责名称：配合采购工作 关键流程：根据项目经理或专业负责人要求，编制本专业采购文件，配合相关部门和人员做好采购工作 重大结果：采购文件	编制文件的及时性

续表

具体职责 （指员工实现总体工作目标需要采取的行动）	提交成果的标准（指员工完成上述工作应该实现的成果方向，具体数量标准见主管与员工签订的绩效管理计划书）
9. 职责名称：参加技能培训和指导其他设计人员 关键流程：自觉学习新的专业技术知识及设计方法，努力提高专业技术水平，提高综合业务能力；指导和培养二、三级设计人员，在设计工作中发挥传、帮、带作用。掌握本专业的技术动态，参加有影响的专业会议，提升知名度 重大结果：参加学习的效果	学习的及时性，学习的有效性
10. 职责名称：完成领导临时交办的其他任务	完成工作的及时性、工作完成质量和领导满意度

六、职位评估

有了工作分析，可以了解一个职位在各个方面所要达到的基本要求，实际上也就是绩效管理的基本数据库。在这些方面的基本信息已经收集的基础上，如果能进一步对这些信息进行分层和分类，观察各个不同职位之间在这些信息上的差异，并从相对数量上对这些差异进行评估，这对确认绩效目标的难度等级、客观地设定难度不同的绩效目标很有帮助。

（一）职位评估与绩效管理

职位评估是指在工作分析的基础上对公司中不同职位的重要性（相对价值）作出评价，即对不同职位工作的难易程度和对任职人的要求高低作出可比性评价，并划分出职位等级的过程。

员工的绩效水平受很多因素影响，而这些影响因素可以分成很多层，处于最外层的职位分析是直接影响行为的描述。通过职位评估进一步确认在结构上，各个职位之间的责任大小、责任范围、责任复杂程度是按何种规律变化的。所以，绩效管理应认真考虑职位等级与绩效目标难度之间的关系。

在职位评估的过程中，所采取的评估方式很重要，其方式包括由谁进行评估、信息如何收集、评估周期及评估结果等。因此，职位评估是否相对准确，对绩效管理的制度设计有深刻影响，因为对不同职位的绩效评估方式是不同的，这又体现了职位评估的结果对绩效管理中的影响。

对一个职位的任职者进行绩效管理应该设定哪些关键绩效指标，也往往是由任职者的关键职责决定的。虽然说一个被评估者的关键绩效指标是根据公司的战略目标分解而形成的，但任职者的目标在相当程度上主要依赖职位的关键职责而定。

职责是职位比较稳定的核心特征，表现的是任职者所要从事的核心活动。目标是经常随时间变化的，一个职位的工作职责可能会好多年不变或变化很小，而目标则可能是逐年变化的。

对于那些较稳定的基础性职位，如秘书等，他们的工作可能并不是由目标来直接控制的，而主要是依据工作职责来完成工作，对他们的绩效指标的设定就需要依据工作的核心职责。

员工在企业内部跨部门流动或晋升时，也需要参考各职位等级。透明化的职位评估标准，便于员工理解企业的价值标准是什么，员工该怎样努力才能获得更高的职位。

(二) 职位评估的一般实践程序

1. 职位评估的基本程序

(1) 建立评估组（总经理、人事主管、业务部门代表）。

(2) 确认关键评估（基准）职位。

(3) 确认评估标准、因素点值并填制表格。

(4) 层层上报并审定通过（自审、负责人审核、总经理最终审定）。

(5) 进行职位评估。

(6) 建立公司整个组织体系职位职等图表。

(7) 全面设计绩效指标分类、分级表。

职位评估的程序、结果与绩效管理的关系如图 2—5 所示。

2. 基准职位的选择

(1) 基准职位需具有代表性，具备的条件有：首先，应广泛分布于现有的职位结构中，同时彼此之间的关系需要得到广泛的认同。其次，必须能代表职位所包括的职能特性和要求。

(2) 任职者是有代表性的，一般来说，他们的任职经验更丰富。

(3) 关注价值比较高职位和比较独特的职位，评估这些职位难度大些。

(4) 基准职位应占所有职位的 15％～30％。

典型职位选取举例如图 2—6 所示。

3. 收集职位评估数据

(1) 数据收集的内容

1) 审核最新的公司结构图。

2) 审核现有职位描述（职位说明书）。

3) 与有关人员面谈，直接了解信息。

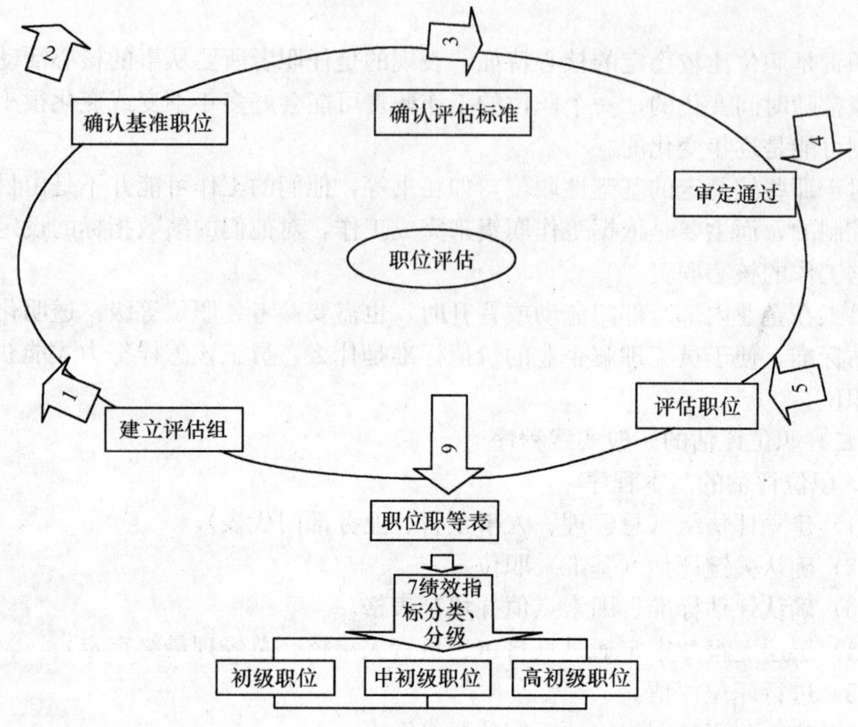

图 2—5　职位评估的程序、结果与绩效管理的关系

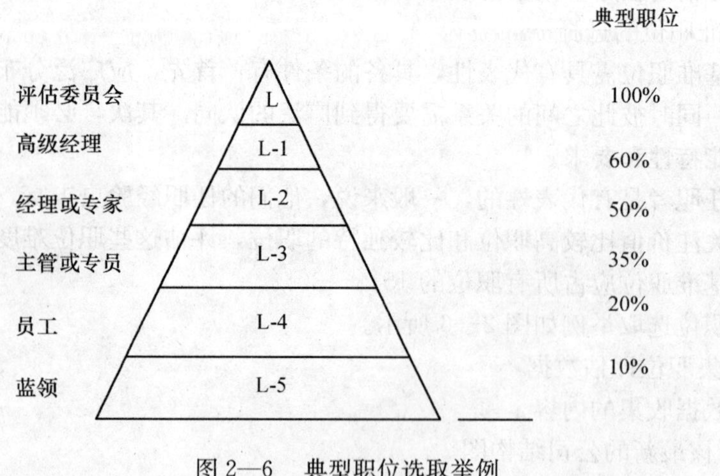

图 2—6　典型职位选取举例

(2) 确认职位信息

1) 参考现有的、标准的职位描述（职位说明书）。

2) 再次审阅和使用分析问卷。

3) 修正职位描述（职位说明书）。

4) 调整并写出新的职位描述（职位说明书）。

4. 评估委员会人员

(1) 需要有跨部门的经验。

(2) 诚信，员工中信誉高。

(3) 非管理人员和管理人员。

(4) 成员应是同一层次的。

5. 沟通与说明，向员工表明职位评估

(1) 不是为了减员或减薪，是为了优化管理。

(2) 是关注职位，而非任职者。

(3) 使用经过测试的评估方法。

(4) 一个或两个评估委员会专门进行职位评估。

6. 培训评估人员

(1) 未经培训，不可评估。

(2) 在实践中不断调整与学习。

7. 评估测试与结果确定

(1) 所有评估在未获确认前都是尝试性的。

(2) 评估职位而非任职者。

(3) 考虑称职的、可接受的表现。

(4) 职位评估委员会代表了管理层。

(5) 职位评估委员会应是集体的决定。

(6) 注意评估时的正确性。

(7) 当公司重组时，要重新评估。

8. 使用评估结果，应用在绩效管理上的主要衔接点

(1) 公司组织与职位结构分析。

(2) 行为表现管理。

(3) 职业生涯规划。

(4) 继任者计划。

(5) 培训需求的分析。

(6) 薪酬调整计划。

（三）职位评估的一般方法

职位评估的方法有很多，主要有以下几种：

1. 序列法

（1）简单排列（职位单一、职位较少的中小企业）

简单排列是逐个职位的，根据两两比较职位之间的重要程度，然后根据职位的相对价值，采用顺序性方式，将所有的职位加以排列。

简单排列法的运用步骤如下：

1）以职位分析为基础。

2）选择基准职位比较。

3）职位排列。在确定基准职位之后，通过与基准职位的比较，对其余职位进行综合评估。

4）职位定级。

按评定人员事先确定的评判标准，对各职位的重要性做出评判，然后将评定结果汇总，得到序数和，除以评定人数，得到平均序数。

例：由甲、乙、丙三人组成的评定小组对 A、B、C、D、E、F、G 七个职位进行评定（见表 2—4）。

表 2—4　使用简单排列法对职位进行评定

职位	A	B	C	D	E	F	G
甲评定结果	1	3	4	2	5	6	7
乙评定结果	2	1	4	3	—	5	—
丙评定结果	1	—	2	3	6	4	5
评定序数和（Σ）	4	4	10	8	11	15	12
参加评定人数	3	2	3	3	2	3	2
平均序数	1.3	2	3.3	2.67	5.5	5	6
职位的相对价值次序	1	2	4	3	6	5	7

从上表可以看出，三个评估人员对七个职位的不同评价，可以分出级别差异。

（2）配对比较法

配对比较法是将所有要进行评价的职位列在一起，两两配对比较，其价值较高者可得 1 分，最后将各职位所得分数相加，其中分数最高者即是等级最高者。使用配对比较法进行职位评定见表 2—5。

表 2—5　　使用配对比较法进行职位评定

被比较职务	A	B	C	D	E	F	G	得分合计
A	—	1	1	0	1	1	1	5
B	0	—	0	0	1	0	1	2
C	0	1	—	0	1	1	1	4
D	1	1	1	—	1	1	1	6
E	0	0	0	0	—	0	0	0
F	0	1	0	0	1	—	1	3
G	0	0	0	0	1	0	—	1

职务	分数	序列顺位
D	6	1
A	5	2
C	4	3
F	3	4
B	2	5
G	1	6
E	0	7

2. 因素比较法

因素比较法是按决定的评价因素对选定的基准职位进行评分定级，编制基准职位分级表，将非基准职位与基准职位分级表相对比并评价相对位置的方法。

因素比较法的步骤如下：

（1）选定基准职位，职位必须具有代表性，而且根据这个职位建立起来的等级必须能被大家所接受。

（2）将基准职位按照选定的因素进行排列。

（3）将基准职位按照选定因素确定工资额。

（4）对其他职位进行排列。

3. 要素计点法

（1）确定要评价的职族。

（2）搜集职位信息。

（3）选取报酬要素。

(4) 界定报酬要素。

(5) 确定要素等级。

(6) 确定要素的相对价值，即每个要素的权重。

(7) 确定几个要素等级的点值。

(8) 编写职位评估辅导手册。

(9) 将职位分级列等。

(四) 应注意的几个问题

1. 各个职位在评价要素中所占的地位主要来自于工作分析的成果一职位说明书，例如，沟通能力是一项评价要素。人力资源部经理对该项能力要求达到第四级（见前面的职位说明书样本），那么，这个职位在沟通能力上的得分就按照第四级去评价。将来考核时也可以把第四级当成该职位应该达到的标准水平。

2. 少而精，便于掌握。

3. 界限清楚，便于测量。

4. 综合性的若干相近、相似的因素归结为一个具有代表性的要素，对综合性要素可分解为几个子要素分别解释。

无论对职位如何分析与评估，实质上，特别重要的就是看任职人与职位要求的匹配程度，这些相对客观的因素一旦确立，绩效管理的根基就比较牢固。

【本章小结】

本章通过对目标管理概念、制定与分解流程的一般介绍，通过工作分析、职位评估的详细阐述，通过目标管理、工作分析、职位评估关系的梳理，让读者对绩效管理系统的复杂性有进一步的理解。学习本章内容时，特别要认真了解职位说明书的写法，以真正做好绩效目标的基础工作。

【关键概念】

目标管理　工作分析　职位说明书　职位评估

【复习思考题】

1. 工作分析的关键步骤有哪些？

2. 职位说明书的关键要素有哪些？

3. 职位评估的作用有哪些？

4. 目标管理在绩效管理中有怎样的地位？

【应用案例】

建立以战略和职位为基础的绩效目标

（一）

经理：

你是公司行政部的经理，年初刚刚上任。高岩是你上任前半年调到公司行政部的，目前负责A项目的行政支持和服务。你的前任告诉你，高岩是公司最早的员工之一，人缘极好，大家都喜欢她。高岩上年度的业绩评价是良好。

你接手的这几个月中，发现高岩的确人很好，为人热心，而且积极参加组织各种员工活动，如郊游、慰问希望小学等。她几乎认识公司的每一个人，有时别人办不了的事情她都能办。

你同时也发现高岩与专员职位相关的基本技能、专业能力与职位要求差距很大，如外语和计算机都远不能达到她现在的工作要求，甚至有些报告也需要别人帮忙来做。她对业务的了解非常肤浅，基本不能向你汇报项目的状况。最重要的是她并未意识到这些问题，仍花费大量时间在其他事情上。

你决定提前就她的业务表现与她谈谈，她5分钟后就会到你的办公室。

（二）

员工：

你是公司最早的员工之一，从最基层开始，做过各种工作。去年调到行政部负责A项目的行政支持和服务。你做人的信条是“我为人人，人人为我”，所以，你非常愿意组织各种职工活动，如郊游、慰问希望小学、各种比赛活动等。看到大家玩得高兴，你自己也觉得很有价值。

然而，随着市场竞争的加剧，公司制定了新的战略方向。首先，公司明确了市场定位，要在同行业达到领先水平。同时，在项目管理上采用国际化的项目专员负责制，另外，要求专员级别人员年内掌握实现办公自动化软件，不能再委托下属操作，外语达到口语对话和翻译基本工作内容的水平。可以看出，新的工作与过去已大不相同，许多报告和报表要用计算机来完成。因为自己以前用得不多，现在做起来很费力，好在同事们都很熟，做得快的同事帮一下就出来了。另外，项目的一个外方专家讲话快，多亏组里同事帮忙翻译，否则真听不懂。现在的工作比以前的工作要求高，量大。还有，前一阶段各种职工活动也很多，自己感到十分辛苦。

经理前天通知你要讨论你的业绩管理问题，尤其是绩效目标的设立方面，你到底应设计什么样的绩效目标?

简评

绩效管理的目标设计以变应变的管理为新思路。每当公司的战略或工作重点发生变化时，对员工的绩效管理目标当然也要发生变化。

所有员工的绩效目标的设计一定是从战略和职位职责出发考虑的，这样任职人员才能提高注意力，把最主要的精力放在最关键的事情上，不至于眉毛胡子一把抓，导致效率和效果的丢失。

在本案例中，原来高岩的绩效目标是不明确的，导致她不清楚自己职位的目标，也不清楚职位目标的方向是公司的发展战略与工作重点。所以，需要上级经理进行引导和确立。

思考题

1. 本案例给我们的启示是什么?

2. 设计与战略和工作重点一致的绩效目标，对员工的价值是什么?

第三章

关键绩效指标的设定

学习目标

本章主要讨论绩效指标、绩效目标，关键绩效指标和平衡记分法的基本概念、设定流程、注意关键点，并通过大量图表说明了绩效指标与目标的描述方式与方法。通过学习，第一，准确把握绩效指标的设定方法。第二，熟练掌握关键绩效指标的设定流程与原则。第三，了解并能够阐述平衡记分法的关键点，如对四大指标体系的理解。第四，能够自我设计与描述关键绩效指标。所以，对本章理解涉及的概念、流程、原则的理解应该是细致和全面的。

第一节 绩效指标简介

绩效指标有两种叫法，一类被称为 KPI（一般称为关键绩效指标），另一类是 BSC（一般称为以战略为导向的平衡计分法的绩效指标）。就目前来说，自称使用 KPI 的企业比较多，但 BSC 的使用范围正在逐步扩大，本章中主要介绍 KPI，在此基础上理解 BSC 的思想与方法就不难了。

一、关键绩效指标（KPI）

KPI（关键绩效指标）是 Key Performance Indicators 的英文简写，是绩效管理中一直要追踪和执行的考核方向，它反映了个体和公司最关键绩效贡献的评价依据和指标。KPI 是指标，不是目标，但是在指标明确的情况下，能够继续延伸出具体的目标或行为标准。

（一）关键绩效指标（KPI）的定义和价值

关键绩效指标是用来衡量某职位员工工作业绩表现的尺度，是绩效合同的重要组成部分，可以从特点和价值方面分别理解。

1. 关键绩效指标的特点有很多，主要总结如下：

（1）基于对公司战略目标的分解。

（2）并随公司战略的演化而被修正。

（3）是有效反映关键绩效驱动因素变化的衡量参数。

（4）是对关键重点经营行动的反映，而不是对所有操作过程的反映。

（5）是由高层领导沟通并被考核者认同的，在组织横向和纵向保持一致性。

2. 关键绩效指标的关键价值有如下 4 点：

（1）有力推动公司战略的执行为绩效管理和上下级的交流沟通奠定客观基础。

（2）使管理人员清晰了解公司价值最关键的经营操作情况。

（3）使管理人员集中精力于对业绩有最大驱动力的经营活动。

（4）使管理人员能及时诊断经营中的问题并采取行动。

（二）关键绩效指标的作用

1. 具体看关键绩效指标有助于：

（1）根据公司的发展规划和目标计划来确定部门或个人的绩效目标。

（2）监测与绩效目标有关的运作过程。

（3）及时发现潜在的问题，发现需要改进的领域，并回馈给相应的部门或个人。

（4）关键绩效指标输出是绩效评价的基础和依据。

2. 当公司、部门乃至职位确定了明晰的关键绩效指标体系后，可以：

（1）把个人和部门的目标与公司整体的目标联系起来。

（2）对于管理者而言，阶段性地对部门或个人的关键绩效指标输出进行评价和控制，可引领正确的目标发展。

（3）集中测量公司所需要的行为。

（4）定量和定性地对直接创造利润和间接创造利润的贡献作出评估。

（三）关键绩效指标设计的多元化渠道

关键绩效指标的收集与创新是复杂的工作，涉及组织机构与职位分工，监管标准及行业经济技术指标，国际同行业公司国内主要竞争对手考核标准，现有工作绩效汇报系统，公司战略及业务单元、业务计划等，详细显示如图 3—1 所示。

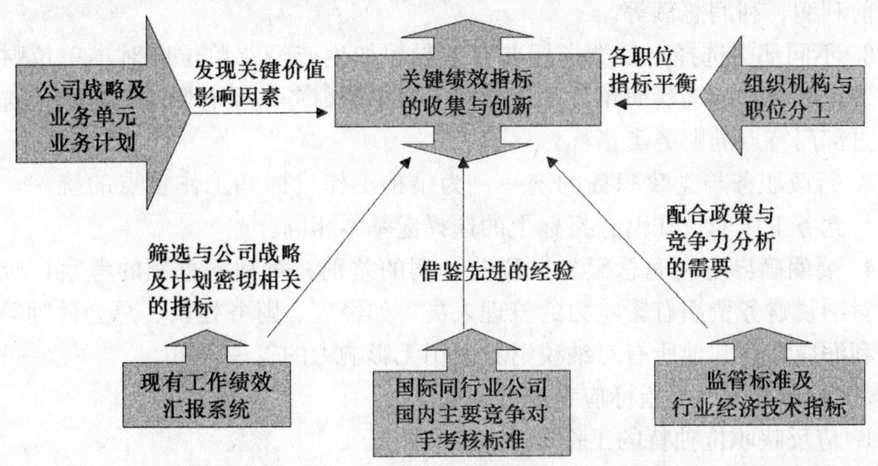

图 3—1　关键绩效指标设计的多元化渠道

（四）关键绩效指标细分

关键绩效指标的设计是多元化的，因为体现一个组织的业绩价值是多元化的，所以，指标也应该分类表述，体现多元化的特性。关键绩效指标细分见表 3—1。

二、注意事项

（一）选择效益类指标应考虑的问题

表 3—1 关键绩效指标细分

	界定	考核目的	策划细分	指标举例
效益类	体现公司价值创造的直接财务指标	全面衡量一个组织创造股东价值的能力	资产赢利效率 现金获利能力 赢利水平	资本回报率自由现金流利润总额税息税前利润
营运类	实现公司价值增长的重要营运结果与控制变量的指标	衡量通过各种营运活动有效使用资源，推动战略目标完成的能力	成本控制 收入管理 质量安全 环保管理 资产投资管理	安全率 实际资本支出与预算差异 产量计划完成率 科技创新贡献率
公司管理类	实现积极健康工作环境与公司文化的人员管理指标	衡量推动企业价值观、提升公司、人员竞争力的能力	职位聘用、考核、培训与培养 薪酬福利	员工总数 培训覆盖率 员工有效满意率

1. 应选择有限的比较典型的效益类指标，如投资资本回报率、自由现金流、息税前利润、利润总额等。

2. 不同部门选择财务类指标要有差异，如生产经营单位应对本单位财务结果负责，职能部门与科研单位的工作对上级单位财务结果有影响，它们应选择体现各自部门特点的财务类指标。

3. 行政职务与党政职务的统一。为维持工作目标和工作重点的统一，行政职位与党务工作职位在财务指标上的选择应基本相同。

4. 要明确界定利润总额与息税前利润的差别。对利润总额的考察，应主要针对对纳税财务费用有影响力的管理人员，如经理、财务处长、总会计师等，息税前利润应考察其他所有对纳税财务费用无影响力的管理人员。

（二）选择营运类指标应考虑的问题

1. 应反映职位独特的工作成果。

2. 尽量体现出部门（职位）的主要目标，数量不应过多，一般不超过 6～8 个。

3. 特别考虑确定目标值时的难易程度，保证其可行性。

4. 这些指标可能通过与职位主管详细访谈得出，但应突破职位主管的个人局限性。

（三）选择公司类指标应考虑的问题

1. 不一定每个职位的合同都有公司类指标。

2. 高级职位、行政工作职位及人事管理职位通常承担比较丰富的公司类指标。

3. 其他职位的公司指标数和水平应该逐次降低。

关键绩效指标的选择参照点见表 3—2。

表 3—2　　　　关键绩效指标的选择参照点

基于企业的整体业务战略确定	一切指标的完成都与整体财务战略相关，最终结果是“增加股东价值”
与业务单位的经营目标相关	体现业务单位的工作重点，如部门管理费用等
与任职人职位职责直接相关	包括直接管理的工作及密切参与、协调、支持的工作
体现各职位工作要点	促使管理者集中注意力，为无限的工作，做有限的排序
确保可衡量	计算口径、计算方法、计量单位、数据来源、信息采集、计算渠道等均需具备

三、平衡计分法在关键绩效指标设定中的应用

（一）平衡计分法简介

1992 年，哈佛商学院教授罗伯特·卡普兰和复兴方案公司总裁戴维·诺顿在《哈佛商业评论》上合作发表了第一篇关于平衡计分法的文章。

平衡计分法从公司的战略目标出发，是一种新的战略型绩效管理系统的方法。关键是从四个方面（关键组织资源）分别设定有助于达成战略目标的绩效管理指标，能够全面地定位和评价从公司到个人各个层面的绩效，而且能够推动公司自觉建立实现战略目标的管理体系，在产品、流程、客户和市场等关键领域使公司获得突破性进展。

平衡计分法最大的贡献在于告诉我们应该从哪几个方面来关注绩效，以有助于企业全面战略实现，有助于解决绩效评估的全面性、客观性和科学性问题。

平衡计分法的基本分析框架如下：

1. 财务方面关心的要点是：如果要在财务收支上有所收获，我们该怎样让股东感到满意？

2. 客户方面关心的要点是：如果要达成我们的愿景，客户对我们该有什么看法？

3. 内部流程方面关心的要点是：为了满足客户和股东，我们该从事什么样的业务和活动，要在哪些方面做得更好？

4. 学习与成长方面关心的要点是：为了达成我们的愿景和目标，怎样做才能保持继续成长和学习的能力？

平衡计分法框架如图 3—2 所示。

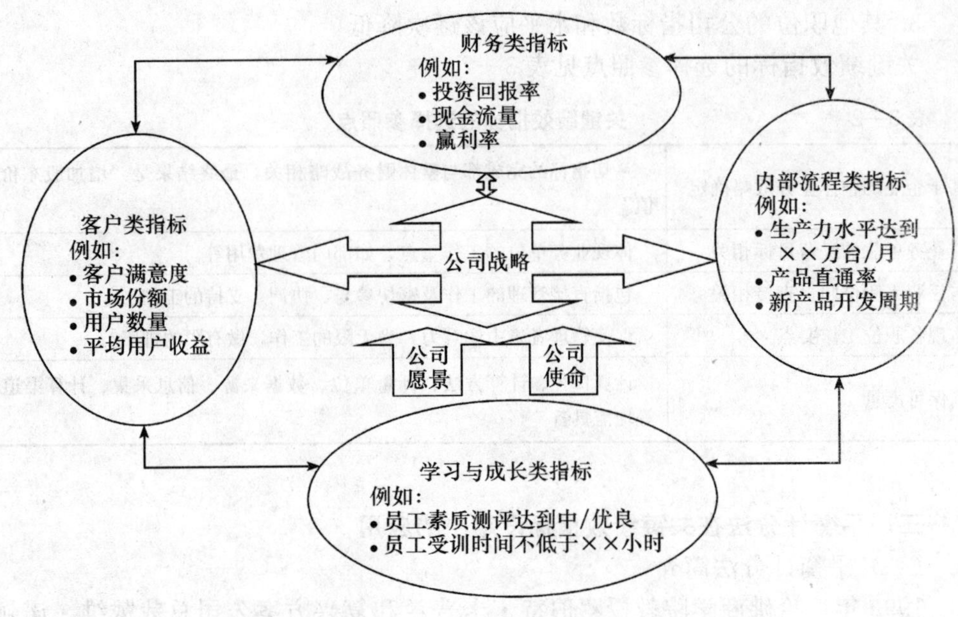

图 3—2　平衡计分法框架

（二）平衡计分法分析框架的细节表述

1. 平衡计分卡——财务角度

对于不同的企业，考核财务指标因其所处企业生命周期、市场环境的不同而不同。如可以把企业所处生命周期分为成长期、保持期和收成期。对应的财务指标有表示收入增长的、降低成本的和提高资产利用率的。财务考核指标见表 3—3。

表 3—3　　财务考核指标

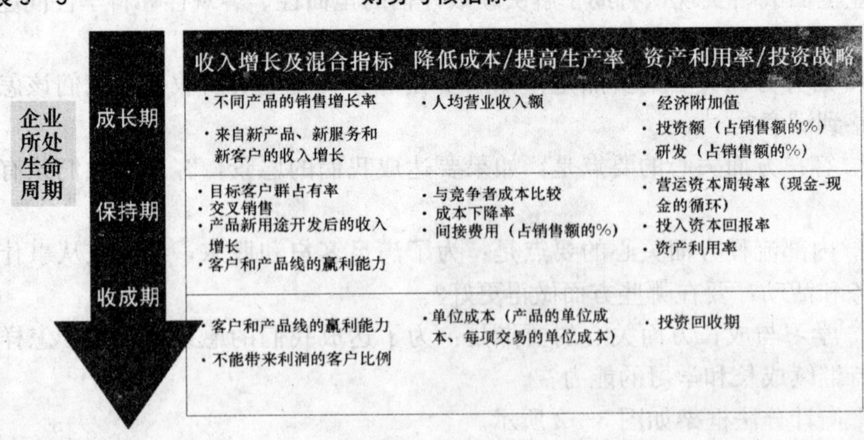

企业所处生命周期	收入增长及混合指标	降低成本/提高生产率	资产利用率/投资战略
成长期	· 不同产品的销售增长率 · 来自新产品、新服务和新客户的收入增长	· 人均营业收入额	· 经济附加值 · 投资额（占销售额的%） · 研发（占销售额的%）
保持期	· 目标客户群占有率 · 交叉销售 · 产品新用途开发后的收入增长 · 客户和产品线的赢利能力	· 与竞争者成本比较 · 成本下降率 · 间接费用（占销售额的%）	· 营运资本周转率（现金-现金的循环） · 投入资本回报率 · 资产利用率
收成期	· 客户和产品线的赢利能力 · 不能带来利润的客户比例	· 单位成本（产品的单位成本、每项交易的单位成本）	· 投资回收期

2. 平衡记分卡—客户角度

财务指标的实现必须有客户的满意度，并以此赢得和留住客户，最终提高获利能力，取得市场份额。

客户角度主要关注与客户利益相关的指标，即企业的市场营销、内部运营、后勤供应和产品开发等流程所应关注的指标。

客户角度主要关注的指标如图 3—3 所示。

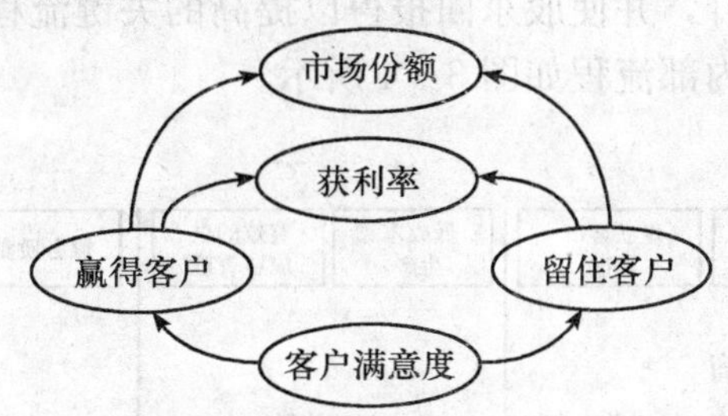

图 3—3　客户角度主要关注的指标

3. 平衡记分卡—内部流程

为了实现企业目标（尤其是财务方面），必须让客户满意，但有个前提，就是要有关键的产品和服务流程，才有可能为客户提供优质产品与服务。下面是一个举例，说明流程与指标的对应关系。如销售流程的第一项“立项分析”对应的指标就是立项成功率，其他类推。

示例：

事业部销售流程

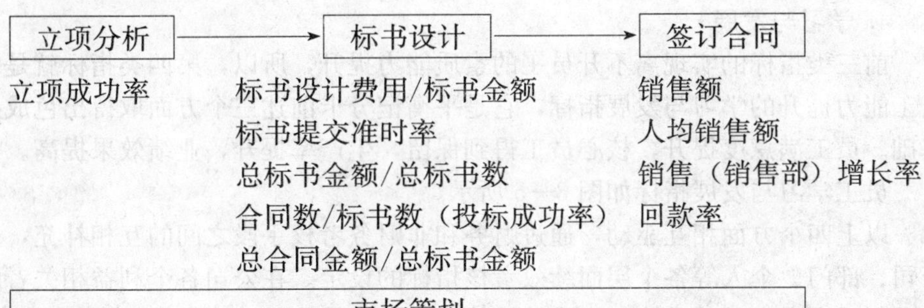

细分市场销售额　客户获取率

市场份额　市场活动费用

品牌认知

市场研究频率

主要客户数	客户关系管理

客户满意率　　　平均客户利润额

销售费用/销售额

客户抱怨

内部流程主要包括若干项跨部门跨职位的考核指标，这些指标主要选自能使企业关键业绩得以提升，并使股东回报得以提高的关键流程，这些流程由专家和任职人员进行提炼。内部流程如图 3—4 所示。

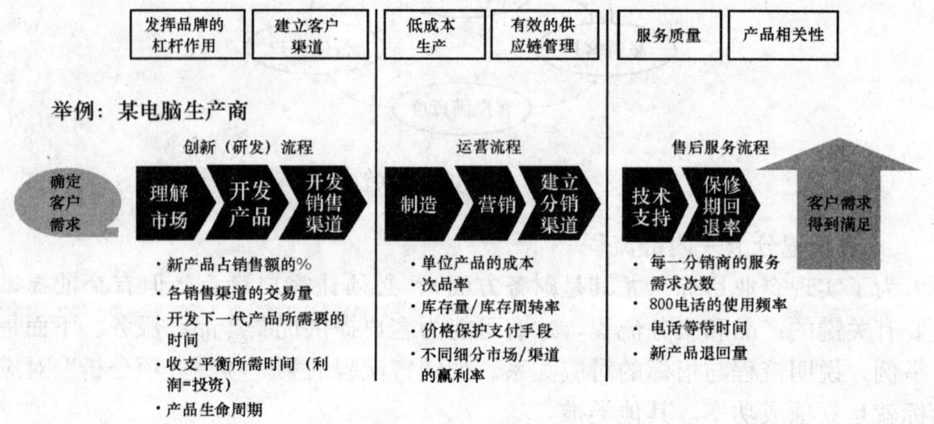

图 3—4　内部流程

4. 学习与发展

前三类指标的实现离不开员工的素质能力提升，所以，第四类指标就是表现员工能力提升的学习与发展指标，它是平衡记分卡前述三个方面取得出色成果的基础。员工满意度提升，核心员工得到保留，生产率提升，业绩效果提高。

员工学习与发展指标如图 3—5 所示。

以上四个方面相互驱动，通过财务和非财务考核手段之间的互相补充，引领公司、部门、个人等各个层面绩效考核指标的设定。在公司各个利益相关者的期望之间寻求平衡的基础上，完成绩效管理与公司战略设计与实施过程。

（三）平衡计分法的绩效指标的设定

平衡计分法是一种管理工具，其实，它代表一种思维方式，一种沟通的语言和利益相关者的平衡平台。平衡计分法特别强调的是战略管理思想，同时也是管理工具，对于引领结构性设置关键绩效指标的设定有十分重要的意义。

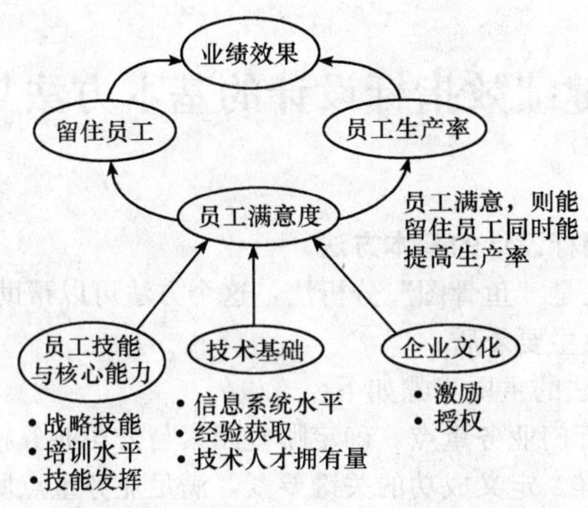

图 3—5　员工学习与发展指标

（四）平衡计分法在使用中的掌控点

1. 明确公司的结构性关键成功因素，并把关键成功因素转变成关键指标，并使关键绩效指标的选取在方向上与公司战略结构相结合。

2. 明确关键绩效指标选取的目的。

3. 设立大家认同的关键绩效指标的选定和考核流程。

4. 在部门（分支机构）、职位层面选定关键绩效指标。

5. 建立各层面绩效管理、报告和审核的流程框架。

6. 推动关键绩效指标的使用，以协助绩效管理方案的实施和优化。

7. 应对关键绩效指标不断进行改进，以保持其与公司发展的相关性。

（五）如何运用平衡计分法

运用平衡计分法指引建立关键绩效指标体系的过程大体如下：

第一，分析公司战略的关键成功因素，并将这些因素在财务、客户、内部流程、学习与成长四个方面表达出来。

第二，确保公司层面的每个关键绩效指标都有一个或多个部门负责，每个部门可能负责实现该绩效指标中不同的部分，也就是每个部门对公司战略目标提供的增值产出。

第三，将各个部门的关键绩效指标最终落实到每个职位与人员。

第二节 关键绩效指标设计的基本方法与流程

一、关键绩效指标设计的基本方法

目前常用的方法是“鱼骨图”分析法，这个方法可以帮助我们在实际工作中抓住主要问题，解决主要矛盾。

“鱼骨图”分析法的主要步骤如下：

1. 确定个人或部门业务重点。确定哪些因素与公司业务相互影响。

2. 确定业务标准。定义成功的关键要素，满足业务重点所需的策略手段。

3. 确定关键绩效指标，判断一项绩效标准是否达到的实际效果。

依据公司级的关键绩效指标逐步分解到部门，再由部门分解到各个职位，依次采用层层分解，互为支持的方法。确定各部门、各职位的关键绩效指标，并用定量或定性的指标确定下来。

二、关键绩效指标体系建立流程

关键绩效指标的提取可以用“十字对焦，职责对应”一句话概括。但在具体的操作过程中，要做到在各层面都从纵向战略目标分解、横向结合业务流程“十”字提取，也不是一件非常容易的事情。关键绩效指标的提取流程如图 3—6 所示。

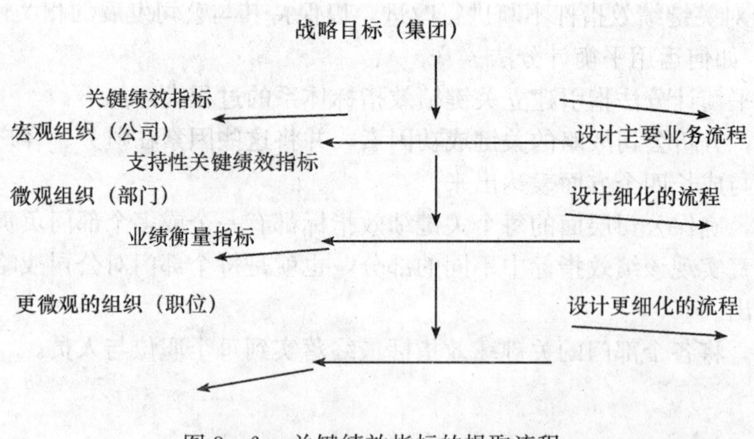

图 3—6　关键绩效指标的提取流程

关键绩效指标的分解如图 3—7 所示。图 3—7 说明，在分解的过程中，目标的分解与流程的细化很关键，特别是有了流程的把握，很多里程碑式的评估点就很容易找到。还可以通过分解流程，发现影响业绩的困难，找到改进的机会。

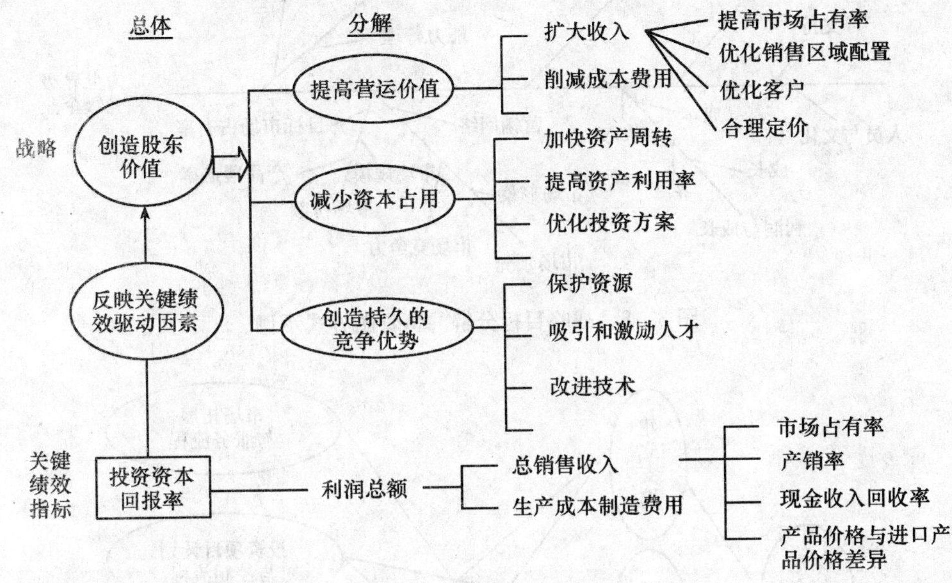

图 3—7　关键绩效指标的分解

（一）分解企业战略目标，分析并建立各子目标与主要业务流程的联系

企业的总体战略目标在通常情况下均可以分解为几项主要的支持性子目标，而这些支持性的更为具体的子目标本身需要企业的某些主要业务流程的支持才能在一定程度上达成。因此，在本环节上需要完成以下几项工作：

1. 企业高层确立公司的总体战略目标（可用鱼骨图方式或思维导图法）。

2. 由企业（中）高层将战略目标分解为主要的支持性子目标（可用鱼骨图方式或思维导图法）。

3. 将企业的主要业务流程与支持性子目标之间建立联系。

战略目标分解的鱼骨图方式示例如图 3—8 所示。

战略目标与流程分解示例如图 3—9 所示。

（二）确定各支持性业务流程目标

在确认对各战略子目标的支持性业务流程后，需要进一步确认各业务流程在支持战略子目标达成的前提下流程本身的总目标，并进一步确认流程总目标在不同角度上的详细分解内容。

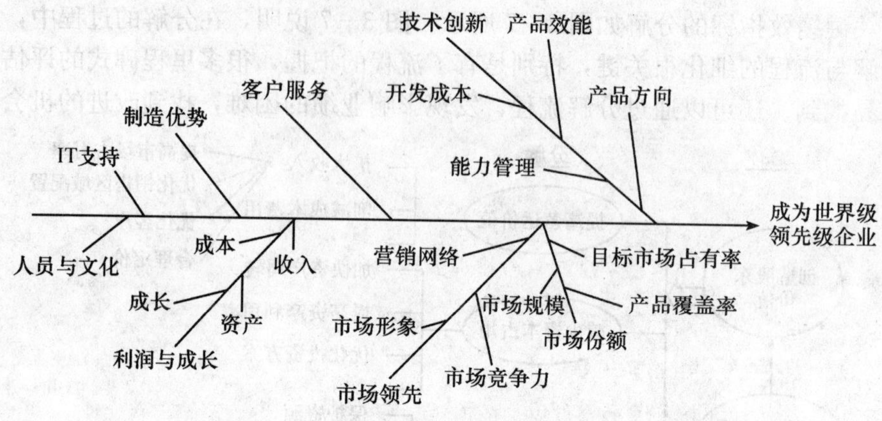

图 3—8　战略目标分解的鱼骨图方式示例

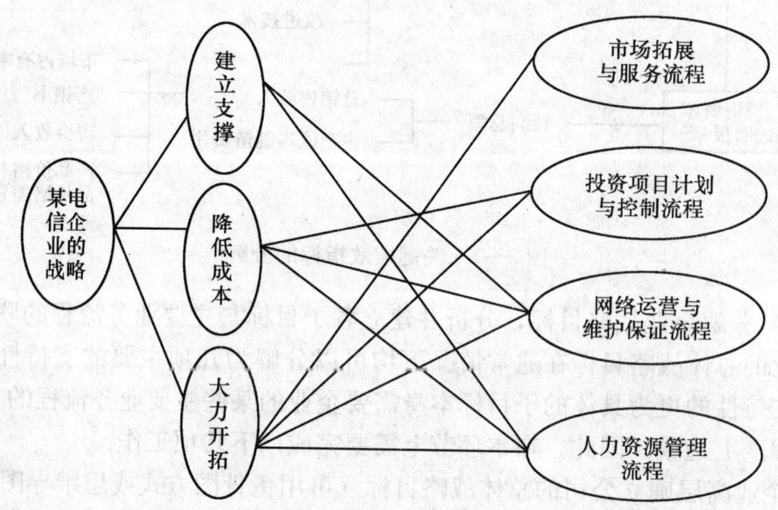

图 3—9　战略目标与流程分解示例

（三）确认各业务流程与各职能部门的联系

本环节通过矩阵的方式建立流程与工作职能之间的关联，从而在更微观的部门层面建立流程、职能与指标之间的关联，为企业总体战略目标和部门绩效指标建立联系。见表 3—4。

（四）部门级关键绩效指标的提取

在本环节要将从通过上述环节建立起来的流程重点、部门职责之间的联系中提取部门级的关键绩效指标。见表 3—5。

表 3—4　　确认业务流程与职能部门联系示例

流程：新产品开发	各职能所承担的流程中的角色				
	市场部	销售部	财务部	研究部	开发部
新产品概念选择	市场论证	销售数据收集	—	可行性研究	技术力量评估
	—	—	—	—	—
产品概念测试	—	市场测试	—	—	技术测试
	—	—	—	—	—
产品建议开发	—	—	费用预算	公司预研	—
	—	—	—	—	—

表 3—5　　部门级关键绩效指标的提取示例

		关键绩效指标（KPI）角度			指标
		测量主体	测量对象	测量结果	
绩效变量角度	时间	效率管理部	新产品（开发）	上市时间	新产品上市时间
	成本	投资部门	生产过程	成本降低	生产成本率
	质量	客户管理部	产品与服务	满足程度	客户满意率
	数量	能力管理部	销售过程	收入总额	销售收入

（五）目标、流程、职能、职位目标的统一

根据部门关键绩效指标、业务流程以及确定的各职位职责，建立目标、流程、职能与职位的统一。见表 3—6。

表 3—6　　关键绩效指标进一步分解到职位示例

流程：新产品开发流程		市场部部门职责		部门内职位职责			
				职位一		职位二	
流程步骤	指标	产出	指标	产出	指标	产出	指标
发现客户问题，确认客户需求	发现商业机会	市场分析与客户调研，制定市场策略	市场占有率	市场与客户研究成果	市场占有率、增长率	制定出市场策略，引领市场运作	市场占有率、增长率
			销售预测准确率		销售预测准确率		销售预测准确率
			市场开拓投入率、减低率		客户接受成功率、提高率		销售毛利率、增长率
			公司市场领先周期		领先对手提前期		销售收入月度增长幅度

（六）设计关键绩效指标应注意的问题

1. 彻底贯彻战略重点，保持前后一致。

2. 同上级职位的指标在方向上有一致的地方，但也有差异。

3. 避免没有层级地重复考核同一项工作。

4. 避免自己考核自己。

三、设定评估标准

标准指的是在各个指标上分别应该达到什么样的水平。解决的是要求被评估者做得“怎样”、完成“多少”等问题。

当界定绩效指标后，设定绩效的评估标准就比较容易。对于数量化的绩效指标，设定的评估标准通常是一个范围，如果被评估者的绩效表现超过标准的上限，则表明被评估者有超越绩效的表现。反之，则需要改进。对于非数量化的绩效标准，设定绩效标准往往从客户角度出发，找出能够测量的尺度。见表3—7。

表3—7　　评估标准实例

工作产出	指标类型	具体指标	绩效标准
销售利润	数量	年销售额 税前利润百分比	年销售额为30万～40万元 税前利润率18%～22%
新产品设计	质量	上级评估 创新性 体现公司形象 客户的评估 ·性价比 ·相对竞争对手产品的偏好程度 ·独特性 ·耐用性	上级评估 ·至少有三到五种产品与竞争对手不同 ·使用合适质量的材料，恰当的颜色和样式代表和提升公司的形象 客户的评估 ·产品的价值超过了它的价格 ·在不告知品牌的情况下对客户进行测试，发现选择本公司产品比选择竞争对手产品的概率要高 ·客户反映与他们见到过的同类产品不同 ·产品使用的时间足够长
	数量	提出的新观点的数量	提出30～40个新的建议
零售店销售额	数量	销售额比去年同期有所增长	销售额比去年同期增长8%～10%

续表

工作产出	指标类型	具体指标	绩效标准
竞争对手总结	质量	上级评估 ·全面性 ·数据的价值	上级评估 ·覆盖了所有一类竞争对手的所有产品 ·提供的数据包括对产品的详细描述，如产品的成本、广告费用、回头客的比例等
	时限	预定的时间表	能在指定的期限之前提供关于竞争对手的总结数据
销售费用	成本	实际费用与预算的变化	实际费用与预算相差在5%以内

在设定绩效指标时，通常需要考虑两类标准，即基本目标水平和卓越目标水平。

（一）基本目标水平

基本目标水平是指对某个被评估对象而言期望达到的水平。这种标准是每个被评估对象经过努力都能够达到的水平。基本目标水平的作用在于判断被评估者的绩效能否满足基本水平的要求。

（二）卓越目标水平

卓越目标水平是指对被评估对象未做要求和期望但是可以达到的绩效水平。卓越目标水平不像基本标准那样可以有限度地描述出来。

两类绩效指标实例见表3—8。

表3—8　两类绩效指标实例

举例职位	基本标准	卓越标准
司机	·按时、准确、安全地将乘客送达目的地 ·遵守交通规则 ·随时保持车内良好的性能与卫生状况 ·不载与目的地无关的乘客或货物	·在几种可选择的行车路线中选择最有效率的路线 ·在紧急情况下能采取有效对策 ·在旅途中播放乘客喜欢的音乐或在车内放置乘客喜欢的报刊，以消除旅途的寂寞 ·乘客选择率高
打字员	·速度不低于100字/分钟 ·版式、字体等符合要求 ·无文字及标点符号的错误	·提供美观、节省纸张的版面设置 ·主动纠正原文中的错别字

续表

举例职位	基本标准	卓越标准
销售代表	• 正确介绍产品或服务 • 达成承诺的销售目标 • 回款及时 • 不收取礼品或礼金	• 对每位客户的偏好和个性等做详细记录和分析 • 为市场部门提供有效的客户需求信息 • 维持长期稳定的客户群

四、关键绩效指标的审核

关键绩效指标的审核主要可以从以下几个方面进行：

1. 所衡量的工作产出是否为阶段性产品或最终产品？
2. 关键绩效指标能否被证明和观察？
3. 多个评估者对同一个绩效指标进行评估，结果能否比较容易地取得一致？
4. 这些指标的总和是否可以解释被评估者 80%以上的工作目标？
5. 是否从客户的角度来界定关键绩效指标？
6. 跟进和监控这些关键绩效指标是否可以操作？
7. 是否留下超越标准的空间？

为了进一步理解关键绩效目标的设计思路，再举一些实例进行说明，从这些实例中也可以进一步体验到，BSC 本身就是关键指标，但是它的思想是“平衡”是灵魂。

第三节 关键绩效指标实例

一、人力资源部实例

部门：人力资源部　　职位：人力资源部经理　　姓名：

指标类别	指标名称	权重（%）	指标说明与计算方法	考核频度	数据来源	审阅部门	目标值
财务（15%）	部门费用控制	15	（实际费用－预算费用）÷预算费用×100%	月度	财务部	绩效管理委员会	＜5%

续表

指标类别	指标名称	权重（%）	指标说明与计算方法	考核频度	数据来源	审阅部门	目标值
管理流程（50%）	方案和建议的有效性	10	建议被采纳数÷提出建议数	年度	人力资源部	绩效管理委员会	>70%
	文书、方案提交的准时率	10	本期按时递交方案数÷本期递交方案数	年度	人力资源部	绩效管理委员会	>90%
	年度工作计划完成程度	10	本期已完成工作数÷本期计划工作数	年度	人力资源部	绩效管理委员会	>90%
	文档完整率	10	办公室文档管理规范情况	年度	人力资源部	绩效管理委员会	>90%
	公司关键员工保有率	10	公司关键员工保有数÷公司关键员工总数	年度	人力资源部	绩效管理委员会	>90%
客户（20%）	内部客户满意度	10	公司各部门、分支机构的综合满意程度指数：客户满意度调查表	年度	人力资源部	绩效管理委员会	>80%
	外部客户满意度	10	外部客户的综合满意程度指数：客户满意度调查表	年度	人力资源部	绩效管理委员会	>80%
员工、知识和创新（15%）	部门员工满意度	5	本部门员工对工作的满意程度指数：员工满意度调查问卷	年度	人力资源部	绩效管理委员会	>80%
	公司关键员工的培养	5	关键员工每年参加培训时数	年度	人力资源部	绩效管理委员会	>40小时（年度·人）
	个人能力提高和自我学习计划	5	计划的实现程度：本期已实现的学习项目÷本期计划的学习项目	年度	人力资源部	绩效管理委员会	>80%

上述指标只是根据市场相似或相关职位绩效方向进行的指标设计，提供给相关部门与职位参考，建议与鼓励各部门与职位人员根据具体情况提出新的管理指标。我们提出的指标体系主要包括财务、流程、客户、员工发展四大方面，是目前现代企业管理中最完善的绩效管理体系。其他的参考性指标见职位说明书部分。

二、经营计划部实例

部门：经营计划部　　职位：经营计划部经理　　姓名：

指标类别	指标名称	权重（%）	指标说明与计算方法	考核频度	数据来源	审阅部门	目标值
财务（25%）	合同回款率	15	按时到账金额÷应到金额	月度	财务部	绩效管理委员会	>95%
	部门费用控制	10	费用按预算执行情况：（实际费用－预算费用）÷预算费用×100	月度	财务部	绩效管理委员会	<5%
管理流程（40%）	市场开拓计划	5	计划是否明确、有效	年度	经营计划部	绩效管理委员会	5%
	方案和建议的有效性	10	方案和建议被采纳的情况：被采纳的方案和建议数÷提出的方案和建议总数	年度	经营计划部	绩效管理委员会	>70%
	经营计划完成率	10	计划的实现情况：本期已完成工作量÷本期计划工作量	年度	经营计划部	绩效管理委员会	>95%
	项目完成进度	10	项目按计划完成进展情况（项目考核表是否按合同要求）	月度	经营计划部	绩效管理委员会	>90%
	名录、文档完整率	5	文档管理的规范情况	年度	经营计划部	绩效管理委员会	>90%
客户（20%）	内部客户满意度	10	公司各部门、分支机构的综合满意程度指数：客户满意度调查表	年度	人力资源部	绩效管理委员会	>80%
	外部客户满意度	10	外部客户的综合满意程度指数：客户满意度调查表	年度	质保部	绩效管理委员会	>80%
员工、知识和创新（15%）	部门员工满意度	5	本部门员工对工作的满意程度指数：员工满意度调查问卷	年度	人力资源部	绩效管理委员会	>80%
	部门关键员工的培养	5	关键员工每年参加培训时数	年度	人力资源部	绩效管理委员会	>40小时（年度·人）
	个人能力提高和自我学习计划	5	计划的实现程度：本期已实现的学习项目÷本期计划的学习项目	年度	人力资源部	绩效管理委员会	>80%

部门：经营计划部　　职位：经营计划部副经理　　姓名：

指标类别	指标名称	权重（%）	指标说明与计算方法	考核频度	数据来源	审阅部门	目标值
财务（25%）	合同回款率	15	按时到账金额÷应到金额	月度	财务部	总经理	>95%
	部门费用控制	10	费用按预算执行情况：（实际费用－预算费用）÷预算费用×100	月度	财务部	总经理	<5%
管理流程（45%）	方案和建议的有效性	10	方案和建议被采纳的情况：被采纳的方案和建议数÷提出的方案和建议总数	年度	经营部经理	直接主管	>70%
	经营计划完成率	10	计划的实现情况：本期已完成工作量÷年初计划工作量	年度		直接主管	>95%
	项目完成进度	10	项目按计划完成进展情况（项目考核表是否按合同要求）	月度		直接主管	>90%
	决策评审差错率	10	决策评审的准确程度	年度		直接主管	<2%
	文档完整率	5	文档管理的规范情况	年度		直接主管	>90%
客户（15%）	内部客户满意度	5	公司各部门、分支机构的综合满意程度指数：客户满意度调查表	年度	人力资源部	直接主管	>80%
	外部客户满意度	10	外部客户的综合满意程度指数：客户满意度调查表	年度	质保部	直接主管	>80%
员工、知识和创新（15%）	部门员工满意度	5	本部门员工对工作的满意程度指数：员工满意度调查问卷	年度	人力资源部	直接主管	>80%
	部门关键员工的培养	5	关键员工每年参加培训时数	年度	人力资源部	直接主管	>40小时（年度·人）
	个人能力提高和自我学习计划	5	计划的实现程度：本期已实现的学习项目÷本期计划的学习项目	年度	人力资源部	直接主管	>80%

部门：经营计划部　　职位：经营计划部项目经理（原计划员）　　姓名：

指标类别	指标名称	权重（%）	指标说明与计算方法	考核频度	数据来源	审阅部门	目标值
财务（25%）	合同回款率	25	按时到账金额÷应到金额	月度	财务部	直接主管	>95%
管理流程（45%）	经营计划完成率	10	计划的实现情况：本期已完成工作量÷年初计划工作量	年度	直接主管	直接主管	>95%
	项目完成进度	10	项目按计划完成进展情况（项目考核表是否按合同要求）	月度	直接主管	直接主管	>90%
	业务统计报表的完整率	10	业务报表制作规范情况（内部审计报告）	季度	直接主管	直接主管	>95%
	统计数据上报的准时率	10	数据是否按时上报（内部审计报告）	月度	直接主管	直接主管	>95%
	文档完整率	5	文档管理的规范情况	年度	直接主管	直接主管	>90%
客户（15%）	内部客户满意度	5	公司各部门，分支机构的综合满意程度指数：客户满意度调查表	年度	人力资源部	直接主管	>80%
	外部客户满意度	10	外部客户的综合满意程度指数：客户满意度调查表	年度	质保部	直接主管	>80%
员工、知识和创新（15%）	个人能力提高和自我学习计划	15	计划的实现程度：本期已实现的学习项目÷本期计划的学习项目	年度	人力资源部	直接主管	>80%

三、财务部

部门：财务部　　　职位：总经理　　　姓名：

指标类别	指标名称	权重（%）	指标说明与计算方法	考核频度	数据来源	审阅部门	目标值
财务（30%）	成本管理	15	成本控制计划完成程度：（实际成本水平－计划成本水平）÷计划成本水平	月度	财务部	绩效管理委员会	<约定值
	资金控制	15	公司资金按预算执行情况：（实际费用－预算费用）÷预算费用×100	月度	财务部	绩效管理委员会	<5%
内部管理流程（40%）	方案和建议的有效性	10	方案和建议被采纳的情况：被采纳的方案和建议数÷提出的方案和建议总数	年度	总经理	绩效管理委员会	>70%
	报表提交的准时率	10	报表是否按时提交：本期按时递交方案数÷本期递交方案总数	月度/季度/年度	总经理	绩效管理委员会	>90%
	计划完成程度	10	计划的实现程度：本期计划完成数÷本期计划数	年度	总经理	绩效管理委员会	>90%
	财务报告完整率	5	报告管理的规范情况：实际完成文档÷应该完成文档	年度	总经理	绩效管理委员会	>95%
	财务管理流程的完整性	5	管理制度的规范情况：内部审计报告	年度	总经理	绩效管理委员会	>90%
客户（15%）	内部客户满意度	10	公司各部门、分支机构的综合满意程度指数：客户满意度调查表	年度	人力资源部	绩效管理委员会	>80%
	外部客户满意度	5	外部客户的综合满意程度指数：客户满意度调查表	年度	人力资源部	绩效管理委员会	>80%
员工、知识和创新（15%）	部门员工满意度	5	本部门员工对工作的满意程度指数：员工满意度调查问卷	年度	人力资源部	绩效管理委员会	>80%
	部门关键员工的培养	5	关键员工每年参加培训时数	年度	人力资源部	绩效管理委员会	>40小时（年度·人）
	个人能力提高和自我学习计划	5	计划的实现程度：本期已实现的学习项目÷本期计划的学习项目	年度	人力资源部	绩效管理委员会	>80%

部门：财务部　　　职位：业务主管　　　姓名：

指标类别	指标名称	权重（%）	指标说明与计算方法	考核频度	数据来源	审阅部门	目标值
财务（25%）	费用管理	10	费用按预算执行情况：（实际费用－预算费用）÷预算费用×100	月度	财务部	直接主管	＜5%
	成本管理	15	财务成本核算与控制	季度	财务部	直接主管	超合同财务成本0次
内部管理流程（55%）	计划完成程度	10	计划的实现程度：本期计划完成数÷本期计划数	年度	直接主管	直接主管	＞90%
	方案和建议的有效性	10	方案和建议被采纳的情况：被采纳的方案和建议数÷提出的方案和建议总数	年度	直接主管	直接主管	＞70%
	报表提交的准时率	10	报表的是否按时提交：本期按时递交方案数÷本期递交方案总数	年度	直接主管	直接主管	＞80%
	费用、会计管理流程完整性	10	是否按费用、会计管理的操作程序：内部审计报告	年度	直接主管	直接主管	＞95%
	报账审核差错率	10	报账审核的准确程度：报账审核错误数÷报账审核总数	年度	直接主管	直接主管	＜2%
	文档完整率	5	文档管理的规范情况：内部审计报告	年度	直接主管	直接主管	＞95%
客户（10%）	内部客户满意度	5	公司各部门、分支机构的综合满意程度指数：客户满意度调查表	年度	人力资源部	直接主管	＞80%
	外部客户满意度	5	外部客户的综合满意程度指数：客户满意度调查表	年度	人力资源部	直接主管	＞80%
员工、知识和创新（10%）	个人能力提高和自我学习计划	10	计划的实现程度：本期已实现的学习项目÷本期计划的学习项目	年度	人力资源部	直接主管	＞80%

四、结构设计部

部门：结构设计部　　　职位：结构设计部经理　　　姓名：

指标类别	指标名称	权重（%）	指标说明与计算方法	考核频度	数据来源	审阅部门	目标值
财务（20%）	项目费用预算控制情况	10	（实际费用－预算费用）÷预算费用×100	月度	财务部	绩效管理委员会	<5%
	部门费用控制	10	费用按预算执行情况：（实际费用－预算费用）÷预算费用×100	月度	财务部	绩效管理委员会	<5%
管理流程（50%）	设计计划完成率	10	本期已完成工作量÷本期计划工作量	年度	主管生产副总	绩效管理委员会	>95%
	项目设计进度控制情况	10	项目设计是否按时完成	年度	主管生产副总	绩效管理委员会	95%
	项目设计质量控制情况	10	项目设计是否满足质量要求	年度	主管生产副总	绩效管理委员会	95%
	技术文件管理和归档完整率	10	实际管理和实际归档的数量÷应管理和应归档的数量	年度	主管生产副总	绩效管理委员会	98%以上
	部门关键员工有效流失率	10	部门关键员工流失数÷部门关键员工总数	年度	人力资源部	绩效管理委员会	5%
客户（15%）	内部客户满意度	10	公司各部门、分支机构的综合满意程度指数：客户满意度调查表	年度	人力资源部	绩效管理委员会	>80%
	外部客户满意度	5	外部客户的综合满意程度指数：客户满意度调查表	年度	质保部	绩效管理委员会	>80%
员工、知识和创新（15%）	部门员工满意度	5	本部门员工对工作的满意程度指数：员工满意度调查问卷	年度	人力资源部	绩效管理委员会	>80%
	部门关键员工的培养	5	关键员工每年参加培训时数	年度	人力资源部	绩效管理委员会	>40小时（年度·人）
	个人能力提高和自我学习计划	5	计划的实现程度：本期已实现的学习项目÷本期计划的学习项目	年度	人力资源部	绩效管理委员会	>80%

部门：结构设计部　　　职位：结构设计部副经理　　　姓名：

指标类别	指标名称	权重（%）	指标说明与计算方法	考核频度	数据来源	审阅部门	目标值
财务（30%）	项目费用预算控制情况	15	（实际费用－预算费用）÷预算费用×100	月度	财务部	直接主管	＜5%
	部门费用控制	15	费用按预算执行情况：（实际费用－预算费用）÷预算费用×100	月度	财务部	直接主管	＜5%
管理流程（40%）	ISO 9001 质量内审情况	15	ISO 9001 内审合格率	年度	直接主管	直接主管	95%
	设计计划完成率	15	本期已完成工作量÷本期计划工作量	年度	直接主管	直接主管	95%以上
	技术文件管理和归档完整率	10	实际管理和实际归档的数量÷应管理和应归档的数量	年度	直接主管	直接主管	98%以上
客户（15%）	内部客户满意度	10	公司各部门、分支机构的综合满意程度指数：客户满意度调查表	年度	人力资源部	直接主管	＞80%
	外部客户满意度	5	外部客户的综合满意程度指数：客户满意度调查表	年度	质保部	直接主管	＞80%
员工、知识和创新（15%）	部门员工满意度	5	本部门员工对工作的满意程度指数：员工满意度调查问卷	年度	人力资源部	直接主管	＞80%
	部门关键员工的培养	5	关键员工每年参加培训时数	年度	人力资源部	直接主管	＞40小时（年度·人）
	个人能力提高和自我学习计划	5	计划的实现程度：本期已实现的学习项目÷本期计划的学习项目	年度	人力资源部	直接主管	＞80%

部门：结构设计部　　　　职位：结构设计部工程师　　　　姓名：

指标类别	指标名称	权重（%）	指标说明与计算方法	考核频度	数据来源	审阅部门	目标值
管理流程（65%）	设计计划完成率	20	本期已完成工作量÷本期计划工作量	年度	直接主管	直接主管	95%以上
	设计产品合格率	20	设计合格产品÷所有设计产品	年度	直接主管	直接主管	100%
	ISO 9001 质量内审情况	10	ISO 9001 内审合格率	年度	直接主管	直接主管	95%
	技术文件管理和归档完整率	15	实际管理和实际归档的数量÷应管理和应归档的数量	年度	直接主管	直接主管	95%以上
客户（20%）	内部客户满意度	10	公司各部门、分支机构的综合满意程度指数：客户满意度调查表	年度	人力资源部	直接主管	＞80%
	外部客户满意度	10	外部客户的综合满意程度指数：客户满意度调查表	年度	质保部	直接主管	＞80%
员工、知识和创新（15%）	个人技能提高和自我学习计划	15	计划的实现程度：本期已实现的学习项目÷本期计划的学习项目	年度	人力资源部	直接主管	＞80%

五、设备设计部

部门：设备设计部　　　　职位：设备设计部经理　　　　姓名：

指标类别	指标名称	权重（%）	指标说明与计算方法	考核频度	数据来源	审阅部门	目标值
财务（20%）	项目费用预算控制情况	10	（实际费用－预算费用）÷预算费用×100	月度	财务部	绩效管理委员会	＜5%
	部门费用控制	10	费用按预算执行情况：（实际费用－预算费用）÷预算费用×100	月度	财务部	绩效管理委员会	＜5%
管理流程（50%）	设计计划完成率	10	本期已完成工作量÷本期计划工作量	年度	主管生产副总	绩效管理委员会	＞95%
	项目设计进度控制情况	10	项目设计是否按时完成	年度	主管生产副总	绩效管理委员会	95%

续表

指标类别	指标名称	权重（%）	指标说明与计算方法	考核频度	数据来源	审阅部门	目标值
管理流程（50%）	项目设计质量控制情况	10	项目设计是否满足质量要求	年度	主管生产副总	绩效管理委员会	95%
	技术文件管理和归档完整率	10	实际管理和实际归档的数量÷应管理和应归档的数量	年度	主管生产副总	绩效管理委员会	98%以上
	部门关键员工有效流失率	10	部门关键员工流失数÷部门关键员工总数	年度	人力资源部	绩效管理委员会	5%
客户（15%）	内部客户满意度	10	公司各部门、分支机构的综合满意程度指数：客户满意度调查表	年度	人力资源部	绩效管理委员会	＞80%
	外部客户满意度	5	外部客户的综合满意程度指数：客户满意度调查表	年度	质保部	绩效管理委员会	＞80%
员工、知识和创新（15%）	部门员工满意度	5	本部门员工对工作的满意程度指数：员工满意度调查问卷	年度	人力资源部	绩效管理委员会	＞80%
	部门关键员工的培养	5	关键员工每年参加培训时数	年度	人力资源部	绩效管理委员会	＞40小时（年度·人）
	个人能力提高和自我学习计划	5	计划的实现程度：本期已实现的学习项目÷本期计划的学习项目	年度	人力资源部	绩效管理委员会	＞80%

注：上述指标只是根据市场相似或相关职位绩效方向进行的指标设计，提供给相关部门与职位参考，建议与鼓励各部门与职位人员根据具体情况提出新的管理指标。我们提出的指标体系主要涉及财务、流程、客户、员工发展四大方面，是目前现代企业管理中最完善的绩效管理体系。其他的参考性指标见职位说明书部分。

【本章小结】

本章特别关注了绩效指标的基本概念，也特别介绍了关键绩效指标与 BSC 的使用方法、原则与设定流程，通过展示大量的表格与例证，使读者对这些关键内容有比较清楚的认识。读者在理解这部分内容时对应用中的问题要特别关注。

【关键概念】

绩效指标　绩效目标　KPI　BSC

【复习思考题】

1. 绩效管理的关键指标是什么？

2. 平衡记分法的设计思路是什么？

3. 通过平衡记分法向整个组织与员工传达的信息是什么？

【应用案例 1】

绩效管理的目标设置是思考的艺术

A 企业是一家房地产公司，近日来 HR 正为员工的考勤情况堪忧。为什么？公司整体的考勤状况始终不理想，尤其是公司的售楼部，考勤情况十分不理想，且有愈演愈烈之势。加强员工考勤管理是势在必行了。故 HR 对原公司《员工考勤管理制度》加大执行力度。三个月下来，员工的考勤情况确有很大改观。其中，行政人员已经基本上杜绝了迟到现象。可是售楼部的情况却不是很尽如人意。尤其是一到雨雪天，迟到现象依然如故。看来，加大惩罚力度势在必行。于是，在原《员工考勤管理制度》的基础上，除了加大经济处罚外，视情节还加上了行政处罚。原以为可以收到令行禁止的效果，可没想到的是售楼部反应冷淡。你罚你的，我晚我的。HR 几经思索，多方求证后，作出了如下决定："售楼部的接单为排号接单，而排号的顺序将遵循到岗的顺序。"新规定一经落实，顿收奇效，不但日常考勤有了保障，而且越是天气恶劣员工反而越准时。

简评

1. 罚金的效果表现在如下方面：

(1) 对行政人员而言

1) 由于本身从事行政工作对制度就十分敏感。

2) 其薪资是固定的且相对有限。

3) 从绩效考核的角度来讲，因其不是企业直接产生效益的单元，其能力就是关键绩效指标，而且占的比重相对较大。

针对以上几点我们不难看出为何"罚金"对行政人员十分行之有效。

(2) 对销售而言

1) 销售人员为公司直接产生利润，他们在某种程度上只认"业绩"不认

“能力”。

2）其薪资不固定，其多少取决于客户的订单量，压力不仅来自于各业界还有同事之间的竞争。

3）从绩效考核的角度上来讲，其最重要的考核指标是“业绩”，能力所占的比率相对较小。

针对以上几点我们不难看出“罚金”对他们的影响不大，而“罚薪”则直接影响业绩，故后者的方法对其十分有效。

2. 从理论上讲，管理由“管”和“理”两部分组成。其中“管”从本质上讲就是一种约束、控制、支配；而“理”从本质上讲则应该是疏通、理顺、引导。在日常管理过程中，我们是通过“管”来约束、控制、支配员工的行为，以确保员工与组织之间的同向和同步。在此之前，应该先通过“理”来疏通、理顺、引导员工的心，使我们“管”得合理，使员工认同和支持。

在本案例中，HR前期两次严肃纪律，反复加大惩罚力度，强调的是管理中的“管”，而后期反复调研修改规则，侧重的则是管理中的“理”。而最终解决售楼部考勤问题的关键并非“管”的如何，即惩罚的有多重，而是“理”清员工心里最在乎的是什么。为此，约束和引导并用，才能收到水到渠成的效果。

3. 关键绩效指标的设置一定是针对企业特别想要解决的问题，这就需要做好事情发展变化的原因分析，我们想解决的事情，发生的原因是什么，特别是通过分析发现激励员工的关键点，而这个关键点就是搜索关键绩效指标的通道。在上述案例中，对员工的长期激励还应该考虑除奖罚金之外的其他方法，而不是仅仅靠奖罚金。

思考题：

1. 根据此案例分析，“罚金”为什么对行政人员有效而对销售人员无效呢？
2. 结合此案例，谈谈你的体会。

【应用案例2】

平衡计分法与绩效管理

一家生产型公司，在过去几年里取得了飞速发展。高级管理层想在中国扩大市场份额，增加对外出口量。总经理在国内一所高校读EMBA，在这里他第一次了解到平衡计分法的系统。他请了一家咨询公司向他的高级管理团队介绍平衡计分法方法，并在整个公司内实施。

咨询顾问先向高级管理层做了演示，然后帮助他们一起讨论公司的战略并设定公司目标。他们应用平衡计分法首先设定了公司的战略目标、指标、目标值和行动方案。然后再按照纵向或横向联盟将公司目标落实到下一层部门。部门之间确定它们互相合作的关系，并根据部门之间相互的期望，将有关指标结合到部门的平衡计分法中。这时开始设定个人目标，并编制能力发展计划。他们运用平衡计分法战略绩效管理软件定期对绩效进行跟踪。通过把绩效和浮动薪资计划有机结合起来，员工的积极性得到了很大提高。

整个管理流程从战略逐渐转化为关键任务。业务流程经过分析和重新设计，并且改进设计方案也得到了实施。工作描述放在最后修改，这时战略已经明确，流程也重新设计过。基本工资也根据市场变化加以调整，但是调整的幅度影响不是很大，因为浮动薪资使经理和员工只要改进绩效就有机会赚取更多。最终公司实现了战略目标，经理和员工的薪水和福利也获得了提高。

简评

这个案例中有以下几个关键的成功要素：

1. 总经理和高级管理层都亲自参与了平衡计分法的整个运用过程，并保证了过程的系统性和规范性。这向全体员工表明，这个项目非常重要，将会给公司带来有益的改进。

2. 目标不但被纵向联结起来（贯穿组织的各个级别），还被横向联结起来（横跨各部门的业务流程）。

3. 每个人都知道公司在向哪里走以及到达目的地的战略是什么。这是因为高层管理人员先明确了战略并以多种方式清晰地传达到了下面的员工。平衡计分法的目标设定流程，同时辅以每月的绩效回顾，对实现上面这些成就特别有帮助。

4. 明确的战略方案对经理和员工实施战略提供了很大帮助，并且通过每月的绩效回顾会议使员工明确应该往哪个方向努力。

思考题

1. 平衡计分法的战略导向作用是如何体现的?

2. 平衡计分法一定有员工能力与发展指标吗?

第四章

绩效管理计划

学习目标

本章主要讨论的是绩效管理计划的关键理论与技术。通过学习，第一，熟练掌握绩效管理计划的关键概念和流程。第二，熟练掌握绩效管理计划中对绩效目标的再分类。第三，熟练掌握绩效管理计划的详细原则以及目标水平、权重的确定方法。第四，学会应用上述理论与方法编制绩效计划。

本章将专门细化绩效计划这个关键环节。绩效计划的设计应从公司最高层开始，将绩效目标层层分解到各级子公司及部门，最终落实到职位与相关任职个人。对于各部门而言，这个步骤即为经营绩效计划过程，而对于员工而言，则为绩效计划过程。

绩效计划是绩效管理体系中心环节的第一个关键步骤，也是实施绩效管理系统的主要平台和关键手段，通过它可以在公司内建立起一种科学合理的管理机制，能有机地将股东的利益和员工的个人利益整合在一起，通过每一年的检验与循环优化，绩效计划的水平往往会不断提升，绩效计划的价值已经被国内外众多公司所认同和接受。

第一节　绩效管理计划中目标的分解

绩效管理计划特别关注对人的理解，在目标分解沟通与协调过程中强调简化、口语化、通俗化，以便于沟通。为了便于沟通，可以把绩效管理计划与沟通中的目标归结为绩效目标和发展目标。

绩效目标的分类如图 4—1 所示。

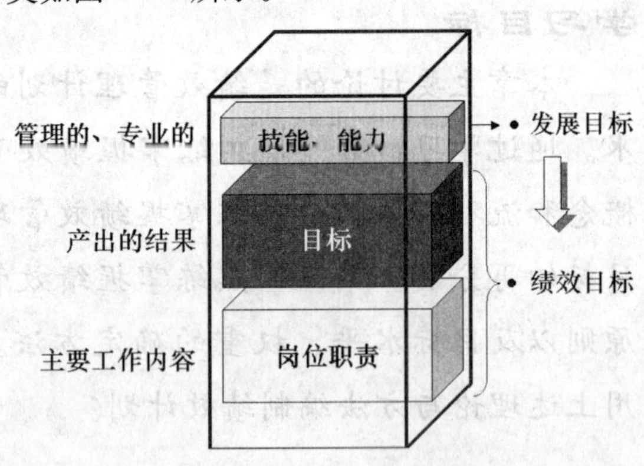

图 4—1　绩效目标的分类

绩效目标主要来源于公司目标、部门目标、最终分解到员工个人目标，关键是要努力寻求它们之间的衔接点，使之环环相扣。这些目标是职位职责具体化和产出结果的量化表现。

发展目标指任职人要使用何种管理和专业上的能力及实现标准。发展目标来源于公司目标，部门目标、市场需求目标，最终也要分解到员工个人目标，但这个目标强调的是与最高目标（公司层面）相一致的价值观、核心行为与能力表现。这些目标主要是职位职责所要求行为与能力的具体化（层级化）。在市场上，翰威特公司认为绩效计划包括计划、成果、目标设定、目标确定、目标表述等几个方面。

第二节 绩效管理计划的关注点

一、绩效管理计划的概念

作为绩效管理具体实施的第一步，绩效管理计划是员工与他们的主管在绩效年开始之初，确认涉及全年，包括个人绩效及发展目标的沟通过程。

二、目标数量与相关描述

带有年度目标、衡量标准和权重的一般为4～6个绩效目标。

带有年度目标、衡量标准和权重的一般为1～2个发展目标。

每一个目标都要有行动计划、困难和克服困难的对策（相关关键事件的描述将具体体现在年末计划执行表格中）。

三、员工应设定何种目标

（一）绩效目标

绩效目标集中于工作的改进，特殊项目，创新及能够帮助实现部门目标的一些重要责任。对个人来讲，这些目标可能着重于其工作的最主要方面。绩效目标应具有一定的挑战性，以利于员工的发展。

（二）发展目标

发展目标将着重于员工的能力与行为发展。用于提醒主管将部分工作集中于帮助员工在公司的提高与发展，当然，发展目标需要与各工作的技术技能相连，并且支持绩效目标的实现。

四、目标的测试方法

要从几个方面进行测试：

1. 公司总体目标及部门的目标。

2. 我的工作职责中最重要的方面。

3. 我所需发展的方面。

4. 我的主管所提供的意见。

5. 客户要求（内部、外部）。

6. 确定个人目标。

（1）今年需要做的最关键的事情或者在工作中最重要的部分是什么?

（2）贯穿全年应讨论的重要问题是什么?

（3）最有利于实现经营目标的职责有哪些?

（4）为了实现目标，我需要发展和提高哪些能力?

五、目标范例

目标范例见表 4—1。

表 4—1　　目标范例

责任范围	工作目标	比重（%）		实施/行动计划
1. 执行董事会决议满足董事会要求 2. 执行执委会决议，满足执委会要求	1. 产量 2 300 件 2. 营业额 10 亿元 3. 利润 1.05 亿元 4. 创汇 700 万美元 5. 员工控制在 1 580 人	50	25 5 10 5 5	1. 编制增产机械部件投资 2 000 万元计划 2. 进行目标成本管理 3. 结合 ISO 9000 认证，制订质量攻关计划 4. 编制员工使用及培训计划 5. 完成新产品开发和技术引进计划
3. 主持公司工作，达到规定的各项指标	1. 提高经理办公会效率 2. 改进人员管理制度和分配制度 3. 五月份 ISO 9000 认证 4. 完成公司内外部环境改造	30	10 10 5 5	1. 明确会议目的、时间和效果 2. 引进工作目标管理
4. 对外部协调为保各项工作顺利进行	1. 消化政府出台的政策 2. 加强与协作公司进行市场调查，改进售后服务	10	5 5	1. 选派有关人员外出培训，制定有关办法 2. 东南亚考察市场，采取相应措施
5. 培训下属，以提高人员素质和留住人才	1. 对部门经理引领和检查 2. 培养年轻后备力量	10	5 5	1. 检查、落实、沟通 2. 指派人力资源部门编制培训计划

第三节 绩效管理计划的要素

一、被评估者信息

通过填写职位、工号及级别，可将绩效计划及评估表格与薪酬职级直接挂钩，便于了解被评估者在公司中的相对职级及对应的薪酬结构，有利于建立一体化人力资源管理体系。

二、评估者信息

便于了解被评估者的直接负责人和管理部门。通常评估者是按业务管理权限来确定的，常常为上一级正职（或正职授权的副职）。

三、关键职责

关键职责是设定绩效计划及评估内容的基本依据，提供查阅、调整绩效计划及评估内容的基本参照信息。

四、绩效计划及评估内容

绩效计划及评估内容包括关键绩效指标与工作目标完成效果评价两大部分，它用以全面衡量被评估者的重要工作成果，是绩效计划及评估表格的主体。

五、权重

列出按绩效计划及评估内容划分的大类权重，以体现工作的可衡量性及对公司整体绩效的影响程度，并便于查看不同职位类型在大类权重设置上的规律及一致性。

六、指标值的设定

对关键绩效指标设定目标值和挑战值两类，以界定指标实际完成情况与指标所得绩效分值的对应关系。对工作目标设定的完成效果评价则主要按照工作目标设定中设置的评估标准及时间进行评价。

七、绩效评估周期

绩效计划及评估表格原则上以年度为周期。针对某些特定职位，如销售人员、市场人员等，根据其职务和应完成的工作目标等具体工作特点，也可以月度或季度为评估周期，设定相应指标。

八、能力发展计划

编制能力发展计划，是以具体技能知识的方式，将企业对个人能力的要求落实到人，让员工明了为实现其绩效指标需要发展什么样的能力，如何发展，形成持续不断、协调一致的发展道路。

第四节 绩效管理计划编制的原则

一、价值驱动原则

要与提升公司价值和追求股东回报最大化的宗旨相一致，突出以价值创造为核心的企业文化。

二、流程系统化原则

与战略规划、资本计划、经营预算计划、人力资源管理等管理程序紧密相连，配套使用。

三、与公司发展战略和年度绩效计划相一致原则

在考核内容的选择和指标值的确定上，一定要紧紧围绕公司的发展目标，自上而下逐层进行分解、设计和选择。

四、突出重点原则

在设定关键绩效指标和工作目标时，要突出关键和重点，选择那些与公司价值关联度较大、与职位职责结合更紧密的绩效指标和工作目标。

五、可行性原则

关键绩效指标与工作目标必须是员工能够控制的，要界定在员工职责和权利控制的范围之内，否则就难以实现绩效计划所要求的目标任务。

六、全员参与原则

在绩效计划的设计过程中，坚持员工、各级管理者和管理层多方参与。

七、足够激励原则

使考核结果与薪酬及其他非物质奖惩等激励机制紧密相连，适度拉大绩效突出者与其他人的薪酬比例，营造一种突出绩效的企业文化。

八、客观公正原则

要保持绩效透明性，实施坦率的、公平的、跨越公司等级的绩效审核和沟通，以系统客观地评估绩效。

九、综合平衡原则

通过合理分配关键绩效指标与工作目标完成效果评价的内容和权重，实现对职位全部重要职责的合理衡量。

十、职位特色原则

绩效管理计划内容、形式的选择和目标的设定要充分考虑到不同业务、不同部门中类似职位各自的特色和共性。

第五节 绩效管理计划编制的流程

对于关键绩效指标、工作目标设计的编制，已经进行过详细的阐述。下面将按设计流程的七个步骤来具体阐述员工个人绩效计划的设计。

一、职位工作职责界定

职位工作职责界定，主要是通过工作分析的方法，对目标职位的关键业务内容及应实现的主要工作成果，用简练而准确的语言进行书面描述。主要由人力资源部门协助公司高层管理者来完成的。职位工作职责界定是设定关键绩效指标，是做好绩效计划设计的前提和基础。

二、设定关键绩效指标

这一步主要是根据公司的战略及业务计划、职位工作职责的描述，为被评估者设定可衡量的、能够量化的、具有代表性的关键绩效指标。这项工作由各级管理者根据直接下级的关键职责，结合本部门（本人）的关键绩效指标，与被考核人沟通，确定被考核人的关键绩效指标。

三、工作目标设定

公司内部不同职位的工作性质，存在着很大的差异，并非所有职位都是可以完全用纯粹量化的关键绩效指标来衡量的，比如职能部门，其工作内容不少属于管理职责，一般的描述都是定性，但如果有必要也可以通过等级化（量化的形式）来实现。因此，各级管理者需要与被考核人沟通，结合公司发展战略、业务发展计划，针对被评估者的职位职责描述和工作性质，把一些具有长期性、过程性、辅助性的关键工作纳入工作目标评价，尽可能地相对量化和等级化，由此作为对关键绩效指标的重要补充和完善。

在设定工作目标与完成情况时要考虑以下问题：

1. 与关键绩效指标的选择遵循同样的原则，但侧重不易衡量的领域。

2. 作为关键绩效指标的补充，不能和关键绩效指标内容重复，且由于关键绩效指标相对于工作目标完成效果评价，其客观性更强，对绩效的衡量也更精确。

3. 只选择对公司价值有贡献的关键工作领域，而非所有工作内容。

4. 不宜过多，一般不超过5个。

5. 不同工作目标应针对不同工作方面，不应重复，而每个工作目标应只针对单一的工作方面。

四、权重分配

权重是绩效指标体系的重要组成部分，通过对每个被评估者所在职位性质、工作特点及对经营业务的控制和影响等因素的分析，确定每类及每项指标、工作目标设定整体及其中各项在整个指标体系中的重要程度，赋予相应的权重，以达到考核的相对科学合理。

（一）关键绩效指标和工作目标完成效果之间的权重分配

一般来讲，对一定层级以上的管理人员，绩效计划不设工作目标完成效果，其权重为零，如各厂总经理。而综合职能部门，如人力资源部、财务部、总经理办公室等，通常要设工作目标完成效果评价。由于各单位部门在职能设置上的不同，在实际操作中权重的高低要视情况而确定。

（二）关键绩效指标权重的确定

在设定各项指标权重时应注意以下问题：一些典型通用指标，如客户满意度、员工总数、部门管理费用等，在各部门及单位所占权重可以保持统一，以体现一定的一致性。每一项的权重一般不要小于5%～8%，否则对综合绩效的影响太微弱。为体现各指标权重轻重缓急的不同，指标之间的权重差异最好控制在5%以上。

（三）工作目标权重的确定

工作目标完成效果评价是独立于关键绩效目标评价完全不同的评价方法，其各项工作目标或目的权重之和为100%。一般只有3～5项指标，权重的分配比较容易拉开差距。在权重分配时，也要遵循与关键绩效指标权重分配相同的原则。工作目标权重，反映评估者对被评估者工作目标的期望。工作目标越重要，被评估者对该项工作的直接影响力越大，权重就越高。

各职级员工关键绩效指标和工作目标权重的分配建议表见表4—2。

表4—2　　各职级员工关键绩效指标和工作目标权重的分配建议表

考核对象	内容及权重	
	关键绩效目标	工作目标完成情况
各厂总经理及以上管理者	100%	
各中层管理人员	60%	40%
各基层管理人员	20%	80%
事务执行员工		100%

（四）绩效合同中各项权重的确定

1. 原则

（1）同时包括关键绩效指标及工作目标完成效果评价的合同，若整体工作成果可衡量性强，则工作目标完成效果评价的总权重较低；反之亦然。

（2）对公司战略重要性高的指标及工作目标权重高。

（3）受约人影响直接且显著的指标及工作目标权重高。

（4）综合性强的指标权重高。

（5）权重分配在同级别、同类型岗位之间应具有一致性，又兼顾每个岗位的独特性，具有一定的浮动范围。

2. 步骤

（1）确定关键绩效指标与工作目标完成效果评价之间的权重。

(2) 确定各类关键绩效指标中具体指标的权重。

(3) 确定工作目标完成效果评价中的各项目标。

五、确定目标的指标值

(一) 关键绩效指标值的设计

1. 指标值

指标值的确定，可根据批准的年度计划、财务预算及职位工作计划，公司提出引领性意见，各级管理者和员工共同商讨认同，按各级管理权限分别审核确认。

确定指标值时，首先可参考过去相类似指标在相同市场环境下完成的平均水平，并根据情况的变化予以调整。其次可参照一些国际指标、行业指标、技术指标、监管指标从而确定合理的水平。第三应参考作为上级职位相关指标所设定的目标值，保证下级单位对上级单位目标值的分解。第四应结合本公司战略的侧重点，服务于本公司关键经营目标的实现。

2. 挑战指标

设定挑战指标时，要在基本目标设定的基础上，考虑实际工作绩效是否很容易在基本目标上下有较大波动，对波动性较强的指标，应设定较高的挑战性目标；反之亦然。

(二) 工作目标完成效果评价级别的分类

评估级别是用来衡量被评估人工作表现的，是根据被考核对象在每项关键工作目标上的完成情况，对其工作绩效确定相应级别档次，主要可以分为三级：

第一级为未达到预期：员工职责范围内关键工作中，多数未达到基本目标，关键工作表现低于合格水平，妨碍了上级单位整体业务和本单位整体业务目标的实现，未表现出任职职位应有的个人素质及能力。

第二级为达到预期：员工在职责范围内，大部分关键工作达到了基本目标，在少数领域的表现达到了挑战目标，为上级单位整体业务和本单位工作目标做出了贡献，表现出了稳定、合格的个人素质及能力。

第三级为超出预期：员工在职责范围内许多关键工作中，实际表现达到挑战目标，成功完成了额外的工作，并为上级单位的整体业务目标和本单位工作目标的实现做出了贡献，表现出了超过预期基本目标要求的个人素质及能力。

(三) 指标检验

作为绩效计划设计结束前的关键一步，要从横向、纵向两个方面检查设计是否维持了统一的标准。从横向上，检查相同单位、职务的关键绩效指标与工作目标设定的选择和权重的分配等标准是否统一；从纵向上，根据公司战略及业务计划、职位工作职责描述，检查各上级的考核指标是否在下属中得到了合理的承担或进一步分解，能否保证公司整体发展战略目标和业务计划的实现。

（四）制订能力发展计划

在拟订了关键绩效指标，设定了相关的工作目标之后，管理者和员工应该就员工如何达到绩效目标进行讨论，确定员工应该着重发展的能力领域，以及希望实现的目标，并根据具体的目标设定相应的发展行动方案。

【本章小结】

本章论述了绩效管理计划的各个关键环节与步骤、理论与实践方法，特别是详细分析了计划编制的关键步骤，在掌握这些内容时应特别注意计划流程，仔细思考其中渗透的深刻含义。

【关键概念】

绩效计划　绩效计划流程　绩效目标　发展目标　能力发展计划

【复习思考题】

1. 绩效计划的关键步骤是什么？
2. 绩效目标的检验方法是什么？
3. 为什么要制定绩效目标与发展目标？
4. 绩效计划中主管与员工所扮演的角色有什么不同？

【应用案例】

计划、过程、考核——全面流程监督

Y公司是一家国内知名的黄金生产企业，成立于1974年，注册资本1亿元人民币，现有职工1.3万人。公司2005年转制成为股份制企业。由于历史的原因，公司在经营管理上存在着计划经济体制的痕迹，公司自身的管理理念滞后，管理体制不正规，现代企业制度也没有真正建立起来。在人力资源管理问题上，公司并没有一套行之有效的人力资源管理体系，缺少现代的激励、考核措施。

公司的高层领导也意识到这些问题，陆续邀请了几家咨询服务机构来为企业把脉，制定公司的中长期发展战略，用现代企业制度对公司进行组织机构重塑。

在人力资源管理方面，下大力气转变以往的“人才上不去，庸才下不来”的状况，在公司内部以岗位责任制为基础，采取记分制绩效考核手段，基于以绩效考核为核心的集团内部人员流动机制，建立了一套人力资源考核与管理体系。然而在具体实践过程中，公司负责人力资源的老总却遇到许多困扰，大致可以归纳为以下几个方面：

1. 年初的绩效考核工作计划做得很好，可是在实施过程中却“雷声大，雨点小”，各部门的考核者乐于充当好好先生，应付了事，有悖于绩效考核的初衷。

2. 在考核过程中，公司员工缺少参与的积极性，抵触情绪很强，不少员工甚至质疑：是否绩效考核就是通过反复填表、交表来挑员工的毛病。

3. 人力资源部门的负责人反映，考核的过程烦琐，耽误正常的工作时间，推行过程中往往又因为得不到高层的足够支持而阻力重重。

4. 考核过程和结果的公正性难以保证，大多数员工对考核的结果都心怀不满，怨声四起；同事的关系也往往因考核而变得紧张，不利于公司的日常工作开展。

问题：请根据此公司的案例资料，分析此公司绩效考核方面存在的问题。

简评：

问题一：把绩效考核等同于绩效管理

绩效管理是对员工行为和产出的管理，它在现有人力资源管理的框架下，在强化人本思想和可操作性基础上，以企业的战略发展目标为依据，通过定期的绩效考核，对员工的行为与产出做客观、公正、综合的评价。绩效考核只是绩效管理的一个环节，是对绩效管理前期工作的总结和评价，远非绩效管理的全部，单单盯住绩效考核，而不顾及绩效管理无异于“一叶障目，不见泰山”。僵化地把员工钉在绩效考核上面，仅仅用几张表给员工的个人贡献盖棺定论，难免有失偏颇，也偏离了实施绩效管理的初衷，依然改变不了效率低下、管理混乱的局面。

科学的绩效管理都是把“以人为本”的企业理念作为推行绩效考核的前提，结合公司总体发展目标和员工的个人发展意愿确定考核的内容和目标，根据企业的总体情况，在与员工双向互动沟通的过程中推行绩效考评计划；客观看待考评结果，淡化绩效考核的加薪晋级导向，更多地把它当做激励员工的手段和引导员工自我发展的依据。

问题二：重考核，轻沟通

绩效管理是一个员工与管理者双向沟通的动态过程。完整的绩效管理体系包含设定绩效目标、记录员工的绩效表现、绩效考评、绩效考核结果的合理运用等内容。简单表述为计划、执行、考核、反馈四个部分。这四个部分是一个整体，不能人为地把它们割裂开来。

在整个绩效管理过程中，沟通是贯穿始终的。考核者与被考核者持续不断的双向沟通是一个企业绩效考核得以顺利进行的保障，也是企业科学绩效管理的灵魂所在。无论设计多完美的考核制度都无法在缺少沟通的团队中顺利推行，在企业管理实践中本来就没有“放之四海而皆准”的绩效管理制度。适当的沟通能够及时排除管理过程中的障碍，最大限度地提高企业整体绩效。同时也能提高被考核者的积极性，减少考核过程中的阻力，保证考核客观、公正的进行。在执行过程中随时保持沟通和反馈，让被考核者了解考核的目标、执行状况、考核结果等，被考核者也乐于提供资源支持，这样不仅可以激发员工的信心和斗志，也使各被考核者的个人绩效与部门绩效相一致、企业内各个部门长短期目标协调平衡发展。如此一来，绩效考核过程就变成了一个增强共识、凝聚人心、促进沟通和能力提高的多赢过程。

问题三：实施主体角色错位

该企业内多数人甚至包括一些高层管理者都认为绩效管理是人力资源部的事情，由人力资源部门来做是天经地义的。高层管理者只对绩效管理进行原则性指示，剩下的工作全交给人力资源部门，做得好与不好都是人力资源部门的事情了。这实际是对绩效管理中角色分配上的认识误区。诚然，人力资源部门对绩效管理的实施负有无可替代的责任，但不是所有事情都由人力资源部门来做。

首先，公司高层是所有绩效管理活动得以顺利推行的中坚，没有他们的倡导、支持和努力，人力资源部门的工作可能事倍功半、甚至半途而废。此外，企业员工的参与程度也对绩效考核的成败起着至关重要的作用。

问题四：绩效考核只是一种奖惩手段

在很多人心中都有意无意地把绩效考核与奖惩画上等号，认为绩效考核就是淘汰、惩罚不合格的员工，升迁、奖励优秀的员工。这样想也不无道理，毕竟对员工进行优、良、中、差的评定结果应该有物质形式上的体现。但绩效考核体系不应该单纯为了奖惩员工而设立和存在，它应当成为提升企业整体绩效和员工个人绩效的推进器。

在实践中，考核者与被考核者的关系应该为互助伙伴关系，考核的目的应该更多地定位为企业与员工多方受益、共同发展。对于企业而言，绩效管理是企业文化的一部分，公正科学的绩效考核可以优化自身的组织结构，提升整体业绩，对于员工来说，绩效管理营造出了积极向上的工作环境，通过绩效考核，使员工正确地认识自己的优缺点，及时对自身的发展方向进行修正，从而获得更多的发展机会和更大的业绩。

问题五：公平的考核者可以保证考核的公正性

公司大多数的考核者认为只要绩效管理中的考核体系设计合理，执行过程不徇私舞弊，就能保证绩效考核的合理、公正，其实这是对绩效考核制度的过度迷信，也是绩效管理过程中的认识误区。

在大多数企业的绩效考核实践中，绩效考核的过程与结果都或多或少带有考核者的主观色彩。在绩效评定中，考核者是评定结果可靠性的重要决定因素，而考核者自身并不能自始至终都以完全客观、公正的态度对待每一个被考核者，他们的评定行为往往受到若干主观心理因素的干扰。比较常见的心理干扰因素有晕轮效应、感情误差、近因效应、趋中效应、对比效应、偏见误差以及主观确定评价因素权重的误差等，这些心理干扰因素都使考核的结果难免失之偏颇。针对这些情况，公司人力资源部门应该对绩效考核的标准和准则进行定期的跟踪修正，在考核体系中尽可能采取一些相对客观或者可以量化的指标。同时也要加强与被考核者的沟通，以减少考核误差带来的负面效应。

思考题

1. 绩效计划、过程管理、结果评估应如何有效结合？
2. 绩效沟通中的关注点有哪些？

第五章

绩效管理过程中的引领与回馈

学习目标

本章主要论述了在绩效管理过程中的引领与回馈的概念、目的、准备工作、成果、类型、原则、步骤与技术等。通过学习，第一，对绩效管理过程中的基本内容要熟练掌握。第二，特别对引领与回馈技术要关注细节，掌握对话的技巧，如基本对话步骤、关键结构、流程等特别的技巧。本章涉及的内容非常详细，特别应用了正在为企业认可的教练技术。

第一节 绩效管理沟通与协调过程

绩效管理的沟通与协调过程主要包括引领、回馈、年中跟进评审几个阶段。绩效管理要先理人，后管事，这一思想在这个阶段更为突出地展现出来。通过主管与员工的信息交流，建立和谐与信任关系，可以在心理上减少抵触情绪。下面是对几个关键阶段的描述：

一、引领、回馈及季度跟进评审的定义

（一）引领

引领主要指各级主管应成为员工的教练，及时引领员工发掘潜力，对员工的绩效表现给予及时的认定与支持。

（二）回馈

回馈主要指各级主管应对员工提出的建议和问题，予以有效的回复，以有助于员工提高满意度，发挥优势，体现高水平的业绩。

引领和回馈是对绩效进行不断讨论和评价的过程。引领和回馈是双向交流与合作的过程，而不是从主管到员工的单向操作。

（三）季度跟进评审

月度或季度跟进评审是主管和员工总结一个季度以来绩效目标进展状况的正式会议。如果需要，将设定额外的行动来帮助员工达成绩效和发展目标。同时根据需要，对目标进行更改。这里进一步的目的在于保持绩效和发展在正确的轨道上前进，并确保员工在绩效周期达到目标。

二、准备性工作——事先的思考与准备

（一）事先的思考

在进行准备性工作时，应事先思考如下问题：

1. 你如何解释这次引领与回馈的目的？

2. 这次讨论要达到的目标是什么？

3. 你如何鼓励员工参与这次讨论？

4. 在这次讨论中，员工可能提出的问题是什么？

5. 哪些是员工突出的优点？你如何表扬？

6. 哪些是员工存在的问题？你怎样提出？
7. 对于员工存在的问题，你的具体建议是什么？
8. 下一步的行动方案是什么？
（二）事先的准备
应先阅读前面设定的工作目标，检查每项目标完成的情况，并从下属的同事、客户、供应商搜集关于本下属工作表现的情况，对于高分和低分的方面要搜集详细的资料，同时还需整理该下属的表扬信、感谢信、投诉信等。并在进行绩效管理前提前通知员工做好准备。

三、预期成果

1. 让下属知道他的表现达到或超过对他的期望。
2. 下属知道他的表现和贡献得到了认可。
3. 强化员工优良的行为，增大这种行为重复的可能性。
4. 探讨下一步的做法。
5. 坚定下属的信心。

四、回馈类型

1. 正向的引领与回馈。
2. 改进的引领与回馈。
3. 确定绩效的困难所在。
4. 信息交流。

五、提供有效回馈的引领原则

1. 将工作分成若干阶段。
2. 每个阶段的内容不能太多或太少。
3. 让下属循序渐进，分阶段吸收。
4. 每个阶段之间要有停顿，让你或下属发问。
5. 列出每个阶段的重要性。
6. 经常表彰突出绩效。
7. 在回馈过程中提供具体事例。
8. 及时向团队成员提供积极的回馈或改进型回馈。
9. 倾听员工的观点和见解。
10. 及早发现绩效问题，防患于未然。

11. 在提供回馈的同时也征求对方的回馈。

12. 确证双方在沟通过程中的相互理解。

六、如何向员工提供回馈

(一) 积极回馈

1. 具体说明下属在表现上的细节。

2. 说明事件反映了下属哪方面的品质。

3. 这些表现所带来的结果和影响。

4. 具体地描述下属的行为。

耐心，具体，描述相关的行为（所说，所做）。

(二) 发展需求

1. 让该团队成员解释他/她为何没有表现出应有的核心能力或工作技能。

——问题区分：在于“不能做”还是“不愿做”。

2. 让员工提出具体的绩效改进方案。

3. 针对该员工的发展需求，制订一个包括衡量标准和时间期限在内的行动计划。

(三) 积极引领

1. 描述所观察到的行为——在回馈中提供具体事例——对事不对人。

2. 阐明员工行为对领导、部门及公司所产生的影响。

3. 征求员工的意见。

4. 表明你对未来行为或改进绩效的期望。

5. 与员工探讨解决方案。

6. 描述改进绩效以及不改进绩效的后果。

7. 商定一个检查进程的时间表。

8. 提供支持，帮助员工消除困难。

9. 对于员工改进绩效的能力表现出信心。

10. 描述这种行为所带来的后果。

11. 客观，准确，不指责。

12. 探讨下一步的做法。

13. 提出建议。

七、引领与回馈的步骤

1. 环境营造，排除干扰因素。

2. 开场，创造和谐的气氛。

3. 说明讨论的目的，步骤和时间。

4. 根据每项工作目标考核完成的情况。

5. 分析成功和失败的原因。

6. 评价工作能力上的强项和有待改进的方面。

7. 探讨改建的方案。

8. 引导员工决策。

第二节 回馈与引领的技能

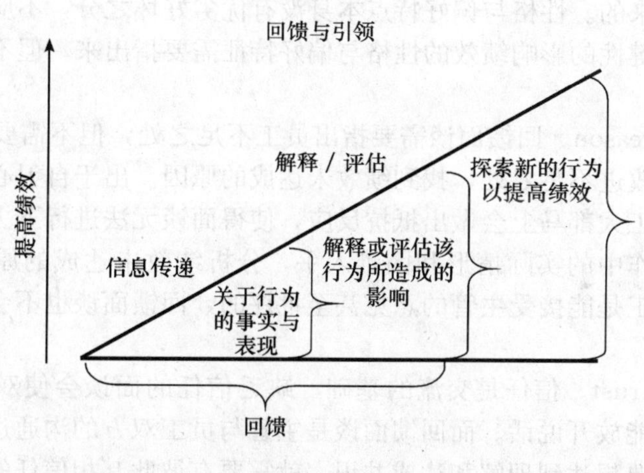

图 5—1　回馈与引领

一、回馈

（一）回馈的原则

由于组织内存在职位分工和专业化程度的差异，在主管与员工之间存在着信息不对称的情形，为了不断提升员工关注的层级，努力实现组织内评估双方的信息均衡分布，在主管与员工之间进行回馈沟通应该是经常的、及时的，并遵循这样一个重要的原则，即 SMART 原则：

1. S——Specific。面谈要直接而具体，不能作泛泛的、抽象的、一般性评价。对于上级主管来说，不论是赞扬还是批评，都应有具体客观的结果或事实作为依据，使员工明白哪些地方做得好，哪些地方还存在差距。既有说服力，又让员工明白主管对自己的关注。如果员工对回馈的内容有异议，向主管进行申辩或解释，也要有具体客观的事实作为基础。只有双方交流的是具体准确的事实，回馈才是有效的。

2. M——motivate。面谈是一种双向的沟通，为了获得对方的真实想法，主管应当鼓励员工多讲，充分表达自己的观点，建议、下一步的设想等。由于思维习惯的定向性，主管常常是发话、下指令的角色，员工常常是在被动接受；有时主管得到的信息不一定是真实情况，下属要是有表达的愿望，主管不应打断与压制；对员工好的建议应给予肯定，共同制定双方发展、改进的目标。

3. A——action。绩效回馈面谈中涉及的是工作绩效，是工作的一些事实表现，需要讨论员工是怎么做的，采取了哪些行动与对策，效果如何，而不应过多关注、讨论与目标实现不直接相关的性格与偏好等。员工的优点与不足是在工作完成中体现出来的。性格与偏好特点本身没有优劣好坏之分，不应作为评估绩效的依据，对关键性的影响绩效的性格与偏好特征需要指出来，但不应将它作为指责的焦点。

4. R——reason。回馈面谈需要指出员工不足之处，但不需要批评，而应立足于帮助员工改进不足之处，找到绩效未达成的原因。出于自卫心理，在回馈中面对批评，员工大都马上会做出抵抗反应，使得面谈无法进行下去。但主管如果从了解员工工作中的实际情形和困难入手，分析绩效未达成的原因，并给以辅助、建议，员工是能接受主管的意见甚至批评的，回馈面谈也不会出现攻守相抗的困境。

5. T——trust。信任是交流的基础，缺乏信任的面谈会使双方都会感到紧张、烦躁，不能放开说话。而回馈面谈是主管与员工双方的沟通过程，沟通要想顺利地进行，要想达到理解和达成共识，就需要有彼此互相信任的氛围。主管应多倾听员工的想法与观点，尊重对方，向员工讲解清楚原则和事实，多站在员工的角度思考问题，勇于承认自己的过失，赢得员工的理解与信任。

（二）回馈的方法

回馈的方法体现了沟通的艺术，是绩效管理中非常实用的技巧。

提供具体的回馈的方法

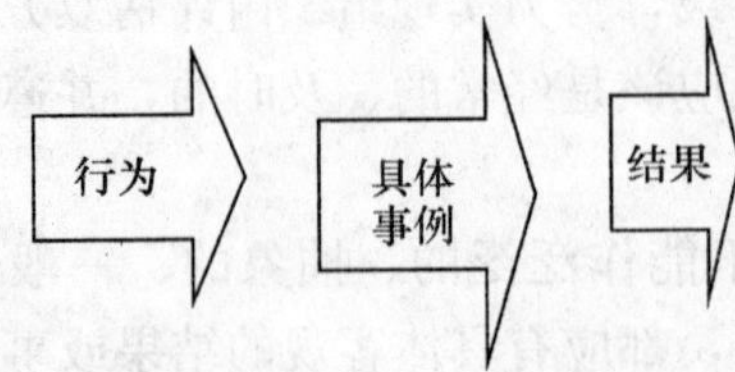

• 行为：描述你关注的具体行为表现

• 具体事例：引用涉及一个行为并造成结果的具体事例——你观察到的或别人报告给你的事例

• 结果：描述该行为的结果及影响

举例

• 行为

——“张经理说你已经重新整理了培训存档系统。”

——“软件显示，最近你的分析报告中有些错误。”

• 具体事例

——“最近业务主管查找资料，需要马上找到他们的培训存档信息。你们新存档系统的文件很容易被汇总出来。”

——“战略部的报告中，人员构成数据有出入，张晶不得不停下自己的工作来重新调查原始数据并修正那些差错。”

• 结果

——“找存档文件容易多了，提高了效率与效果。”

——“这些错误影响了项目的工作进展，导致客户抱怨增加。”

正面的回馈举例

经理与下属员工沟通

• 行为

——“你的报告数据引用得当，资料来源清楚，很有说服力。”

• 具体事例

——“上周五上午我收到的那份报告，指标的计算最清楚，注解也最详细。”

• 结果

——“听说高层领导将在全公司内采用你的新报告，中层也会学习你的报告模版。你的进步很大。”

纠正性反馈举例

经理与下属员工沟通

• 行为

——“你在完成工作总结上有难处吗?”

• 具体事例

——举例说周五，总结中的资料还少战略和项目部分的数据，这是我提醒你以后第 3 次出现这种情况了。

• 结果

——结果，我本月的报告也因为缺乏数据，难以在今天完成。

（三）回馈中的注意事项

1. 回馈中的“主人翁”部分。

（1）让员工知道自己的行为对你产生了怎样的影响。

“这使我的工作数据准确多了。谢谢。”

“这种状况让我担心，因为我的工作依赖于分析系统能及时产生报告。”

（2）下一步请员工来“做主”。

“你怎样认为这种情况？”

“你自己认为需要做些什么？下一步的工作有哪些？”

（3）就行为计划和跟进计划达成一致。

2. 在提出回馈之前要问自己以下几个问题：

（1）注重最近的事实和行为是什么？

（2）我的回馈会帮助员工及与其一起工作的人吗？

（3）我与员工谈话现在是最好的时间吗？

3. 建立信任的工作环境。

（1）提供回馈要前后一致。

1）不要总是寻找负面的行为。

2）给所有下级提供回馈。

（2）做一个好的倾听者。

1）询问具体事项并不断确认。

2）为了理解而倾听。

（3）使回馈成为双向的交流。

1）允许员工参与解决方案的计划工作。

2）不要表现出存有戒心。

（4）不要做出带有个人色彩的评论。

接收回馈的员工可能的反应

负面的	正面的
找借口 为某事发生而制造借口 注意：保持冷静	改正 改变长远期的行为 注意：积极鼓励
指责 是别人的错 注意：引领他关注自己	想象 是否本应采用别的方法来处理？ 注意：关注他的新思路

续表

负面的	正面的
否认 不是我的错 注意：不是强调错误	分析 什么地方做错了，为什么错了 注意：原因分析
无视 什么都不做 注意：分析做的好处	接受 是的，是有问题 注意：探讨新途径

回馈中的“要”与“不要”。

要：

- 维护员工的面子与自尊心。
- 真诚引导员工，请他们自问哪些做得好。
- 平衡正面反馈和改进性反馈。
- 表现出诚实。
- 具体，并且在提出改进性反馈时，提供可选解决方案。
- 保证反馈是及时的和有具体事例支持的。
- 具有同情心，让员工知道你理解员工的感觉并了解有那样的感觉的根据。

主管与下属员工沟通

不要：

- 回馈模棱两可，没有依据的沟通。
- 你心里认为某事没有做好却说做得不错，口是心非。
- 你话说得“对”，可眼神表现得却是“错（自己都表现得没有自信）”。
- 猜测员工的动机，过早下断言。
- 只注重好的或只注重不好的行为，对基本的行为不予以关注。
- 用“总是”和“永远”这样的词，把问题绝对化，引起人们的反感。

二、引领

（一）需要多少引领与回馈

1. 次数和时间多少并没有一定要求，取决于以下几个方面：

（1）问题多少，大小或情况的性质。

（2）员工的经验与接受程度。

（3）技能发展状况。

（4）在岗时间长短。

（5）工作表现的变化。

2. 帮助新手比较详细地解释信息并寻找解决方案。

3. 自己能理解信息，并能作出评判，但在寻找解决方案方面需要帮助的员工。协助员工寻找解决方案，最好是通过提示和询问的方式。

4. 对于工作很熟练的员工，回馈只包含信息，员工自己能够对信息作出评判并提出解决方案，授权与激励，让员工有自豪感。

5. 对于没有意识到自己的行为所产生影响的员工，帮助解释观察到的行为。一旦员工明白了，自己可能就知道应该做什么。如果员工仍意识不到，那么就运用我们要介绍的方法。

（二）引领时将工作分成阶段

1. 将工作分成若干阶段，避免不同层面问题交叉。

2. 每个阶段的内容不能太多或太少，要清楚并包含具体事例。

3. 让下属循序渐进，分阶段吸收，不断小结。

4. 每个阶段之间要有停顿，让你或下属发问，以确认他们是否真正理解。

5. 列出每个阶段的重要性，并给予强调。

（三）主管进行引领的程序包括的步骤

1. 收集资料

（1）事先准备好有关员工职责、目标的各种资料。

（2）各个阶段的面谈信息汇总。

（3）面谈大纲。

2. 定好基调

（1）开始引领讨论时，需要明确你的期望。

（2）向对方了解讨论的时间、地点是否适宜。

（3）让对方大致了解你想讨论的主题是什么。

（4）如果是进行改正行为的引领讨论，那么这是一个向对方保证你想提供帮助的机会。

（四）就现状理解一致

1. 就目前的问题达成共识

2. 在继续讨论之前就现状达成一致，实际上是创造一个对问题表达不同看法的机会。

3. 保证双方对信息的理解一致。

4. 目的是保证双方都能认识到对现状采取一些行动的必要性。

（五）探索可能性

1. 在就现状达成一致后，探索应对现状的可能性。

2. 注意提出开放式问题，以鼓励交换看法。

3. 注意聆听，追问。

4. 发问新的行为，以达到期望的结果。

（六）达成计划

1. 就下一步目标如何进行，及双方所希望的结果达成一致。

2. 决定行动步骤。

3. 怎样衡量各个阶段结果。

4. 需要何种资源的支持。

5. 具体安排跟进评估的时间。

（七）跟进并肯定成绩

通过双方不断的接触，回馈成为工作的一部分，而不是年度绩效评估中的一年一次的最终行为。

（八）给以信心

双方的沟通是员工信心的保证，在每一个阶段都要给员工鼓励和支持。

这项工作可能要月度或季度进行，最多不能超过半年。

三、跟进评审

（一）在季度跟进评审之前主管应再问自己

1. 我是否有关于该员工绩效足够的信息？

(1) 如果还没有，我还应从何处获得？

(2) 我是否清楚员工的目标是什么？完成的状况和过程如何？

(3) 员工的强项和弱项（需要发展的领域）有哪些？总体印象如何？

2. 我是否清楚了解员工绩效的结果？能否清楚表达？

3. 员工可能会提什么问题？我能否回答或提供引领？

4. 与员工谈话期望看到的结果是什么？

（二）跟进评审的步骤（以季度为例）

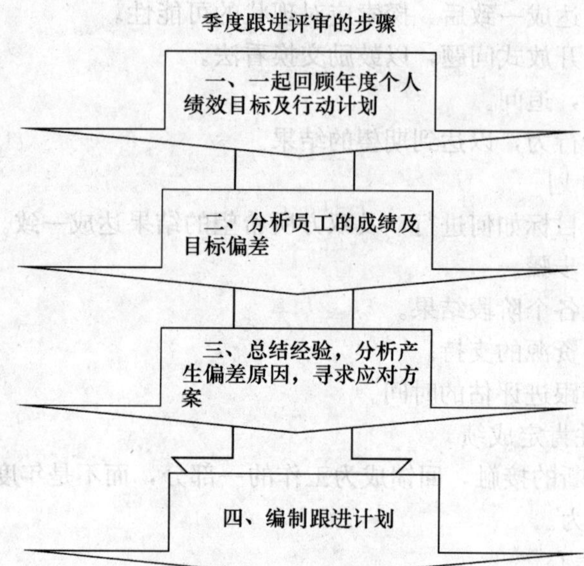

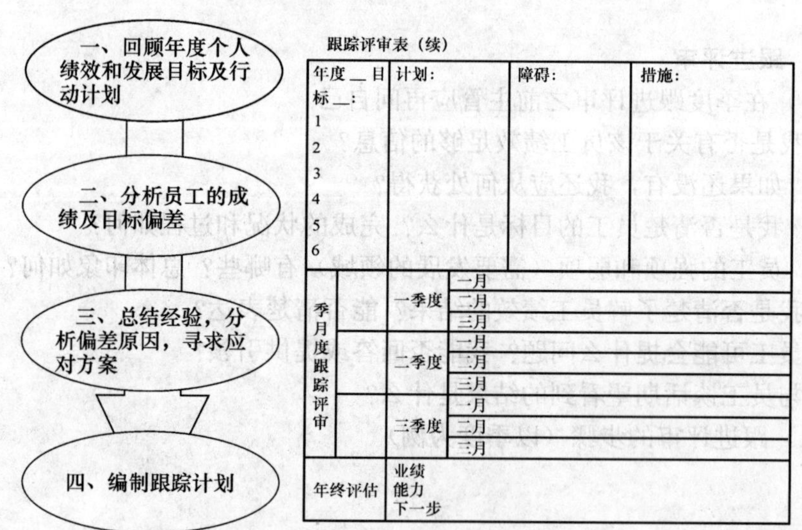

跟踪评审表（续）

年度__目标__ 1 2 3 4 5 6	计划：		障碍：	措施：
季月度跟踪评审	一季度	一月		
		二月		
		三月		
	二季度	一月		
		二月		
		三月		
	三季度	一月		
		二月		
		三月		
年终评估	业绩 能力 下一步			

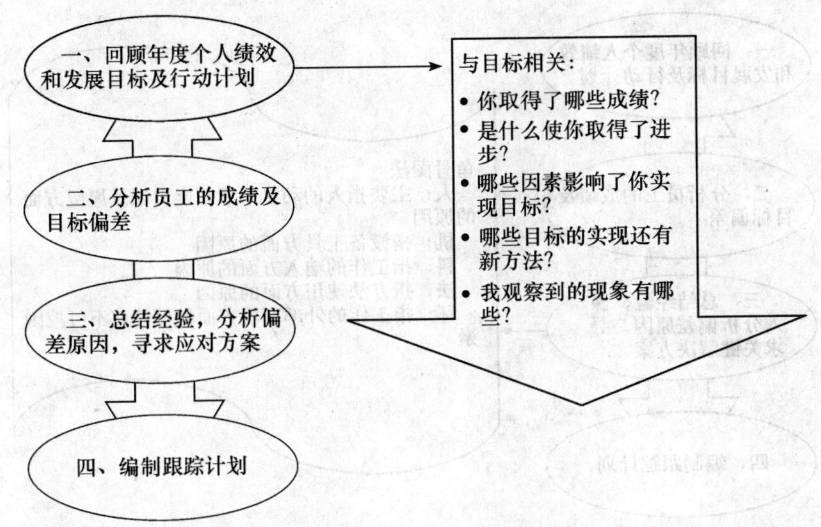

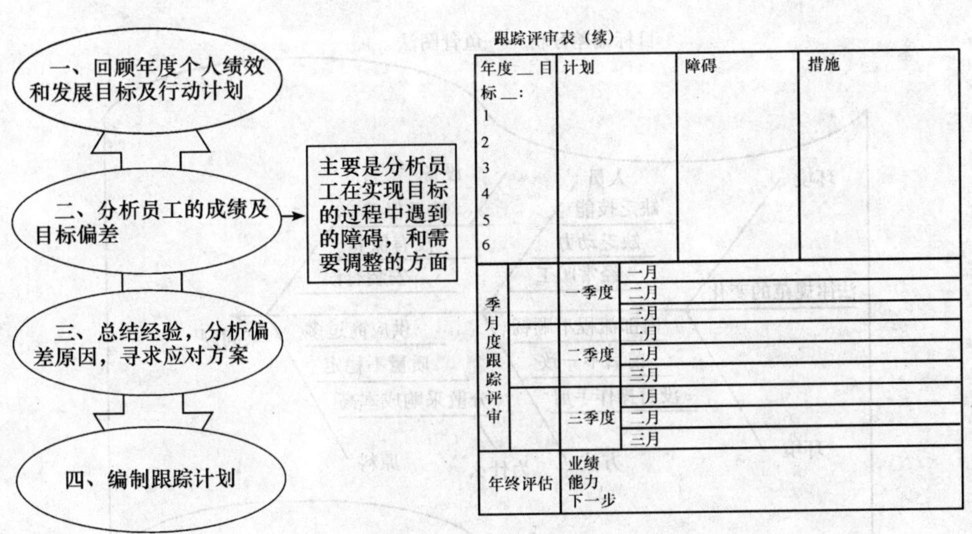

跟踪评审表（续）

年度__目标__： 1 2 3 4 5 6	计划	障碍	措施
季月度跟踪评审	一季度	一月	
		二月	
		三月	
	二季度	一月	
		二月	
		三月	
	三季度	一月	
		二月	
		三月	
年终评估	业绩 能力 下一步		

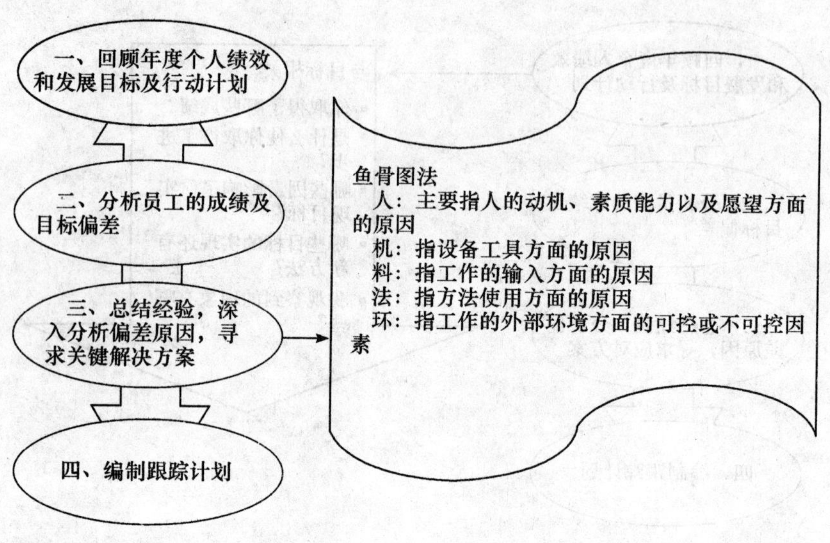

一、回顾年度个人绩效和发展目标及行动计划
二、分析员工的成绩及目标偏差
三、总结经验，深入分析偏差原因，寻求关键解决方案
四、编制跟踪计划
鱼骨图法
人：主要指人的动机、素质能力以及愿望方面的原因
机：指设备工具方面的原因
料：指工作的输入方面的原因
法：指方法使用方面的原因
环：指工作的外部环境方面的可控或不可控因素

环境
人员
缺乏技能
缺乏动力
经常旷工
设备
缺乏保养
没有保养
安装有误
法律规范的变化
内部流程不顺畅
前后不一致
没有操作手册
供应商过多
质量不稳定
分散采购成本高
某问题
环境
方法
为什么
原料

目标偏差分析——鱼骨图法

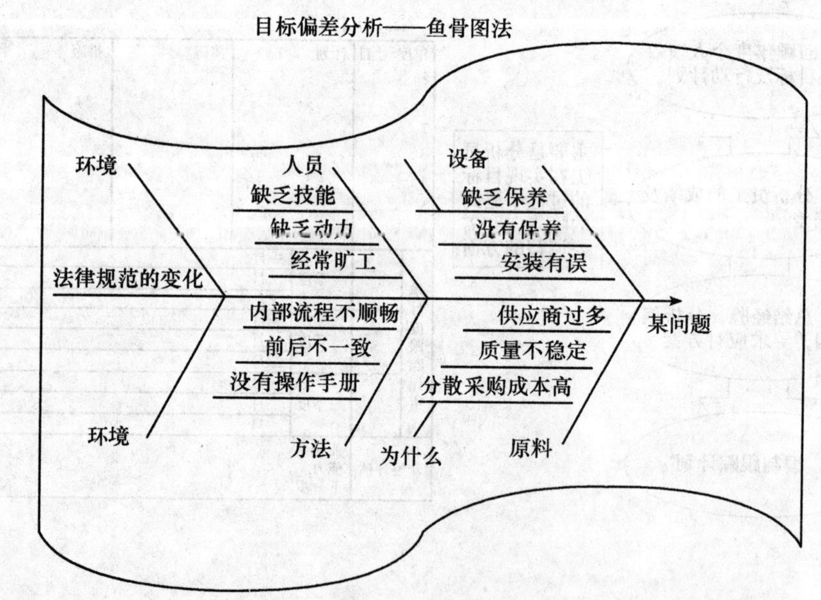

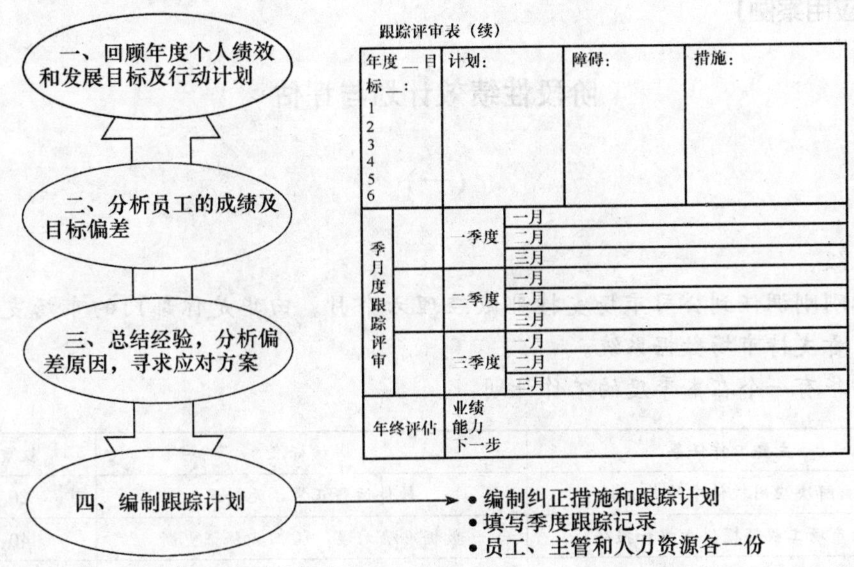

【本章小结】

本章通过论述绩效管理过程中的引领与回馈的概念及相关技术，全面细致地为读者提供了绩效管理成功不可或缺的关键方法，通过学习，可以使读者了解细致的绩效管理过程，为提高主管与员工之间的信任程度及时发现问题，提供工具和技术。

【关键概念】

引领　回馈　季度评审　积极的回馈　引领原则　引领步骤

【复习思考题】

1. 引领中的关键环节包括什么？
2. 积极回馈的要点是什么？
3. 引领的步骤不可或缺吗？

【应用案例】

阶段性绩效计划与评估

（一）

上级：

你刚刚调任到公司市场支持部做经理六个月。田华是你部门的市场支持专员，负责支持市场数据系统。

田华有一个在本季度的工作计划：

主要工作任务	考核标准	权重
解决应用软件中的 bug	软件运行正常，无错误	20
向市场工程师提供数据和报告	数据准确无误，10日内保证更新	40
指导、协助市场工程师使用市场数据库	及时解决市场工程师提出的问题，95%以上的问题在半个工作日内解决	30
临时性工作任务		10

在本季度中，你发现应用软件中的 bug 确实被很好地解决，但市场数据库仍有许多问题，特别是数据不够准确，更新不够及时，报告不满足业务部门的需求。

你与田华就这些问题讨论了多次。你发现田华把精力集中与市场数据库的技术细节，特别是数据库新的发展和技术，不久前她还提出要去参加一个为期两周的技术培训。田华认为更新数据库的数据和产生各种报告都是市场工程师的工作，目前最大的问题是他们不能高质量地完成工作。田华把她设计的各种流程手册给你看过，并告诉你每位市场工程师都有一本，可惜他们就是不用。田华说，她以前的公司，工程师们的水平高多了，市场数据库的应用就好得多。

当你与市场工程师们讨论这些问题时，他们抱怨说田华根本不了解业务的要求，她的手册基本是以前合同的手册修改版，与业务要求不符。向田华提出支持的要求，她总是说那不是她的工作范围，总有理由和借口交给别人。尽管田华技术方面很强，但大家久而久之都不找她帮忙了。

这样看来，田华最重要的两项任务都完成得不好，你觉得本部门那个“C”的名额非她莫属。

你已经与田华约好今天进行本季度的绩效面谈。同时，你还必须对她提出的培训需求做出答复。她马上就到你的办公室。

（二）

下属：

你是公司市场支持部的市场支持专员，负责市场数据的支持。

你在本季度的工作计划是：

主要工作任务	考核标准	权重
解决应用软件中的bug	软件运行正常，无错误	20
向市场工程师提供数据和报告	数据准确无误，10日内保证更新	40
指导、协助市场工程师使用市场数据库	及时解决市场工程师提出的问题，95%以上的问题在半个工作日内解决	30
临时性工作任务		10

数据库支持是你的本行，你对数据库技术很有兴趣，也用了很大工夫去学习，可以说，你是部门里技术水平最高的人，这一点你的上级也同意。

本季度，你负责的数据库在技术上从没有出过问题，应用软件中的bug也被修正了。市场工程师提出的有关技术问题得到了解决，尽管时间未能按照考核标准实现。你认为，主要责任不在你，而在于这家公司的市场工程师对使用和维护市场数据库水平太低了。他们不按照你提供的手册去更新数据库，也不能按照手册去生产各种有用的报告，反而自己都保留着各自的数据报表。公司上级也不给他们压力，使其改掉旧习惯。反而有时让你做一些报表、报告类的工作。但这些都不应该由你这样的专业人员来做。

公司总部最近通知要更换新的市场数据库系统，并要举办两星期的培训，要求数据库技术人员参加，你两个星期前告诉了你的上级。

今天是上级约好和你进行绩效面谈的日子，你的业绩虽不是部门里最好的，但也还说得过去，起码比新来的赵东和刘丽强多了。上级应当给你一个不错的评价。

你准备进入他的办公室。

经理两星期前告诉你，他说今天要和你谈一谈。

简评

绩效管理是一个全面跟进的过程，不仅要有开始的计划，还要有随后的跟进。并且根据员工在执行计划过程中的具体表现和周边同事的回馈，及时沟通，确保绩效管理的及时性。

在本案例中，经理要特别关注事件后面真正的原因，有针对性地面谈和沟通。要根据事先设定的计划和在执行中发现的事实与当事人交换意见和想法，然后就下一步双方认可的、新的发展计划达成一致。

思考题

1. 绩效计划与阶段性沟通的关系是什么？

2. 在本案例中，主管还应做哪些引领优化改进？

第六章

绩效评估

学习目标

本章主要论述了绩效管理中另一个关键环节——绩效评估。通过学习，第一，掌握绩效评估的基本含义、类别、流程。第二，掌握绩效评估的类别。第三，熟练掌握绩效评估的打分方法。第四，注意在绩效评估中容易产生的问题，包括一些心理因素，也包括面谈中特定问题的处理方法。

第一节 绩效评估的概念、类别、流程

绩效评估是对员工全年表现进行最终评价的环节，通常主管和员工都比较重视。越是如此，越要认真和全面安排这个阶段的各项工作。避免出现功亏一篑的情形。下面对这一阶段的关键环节做一表述：

一、绩效评估的概念

（一）绩效评估

绩效评估是绩效管理流程的最后一步。在这一步，员工和主管对照在绩效计划阶段设定的目标，评估并总结员工的实际绩效和发展情况。如果主管曾给员工不断的回馈和引领，此阶段评估和总结应不出乎员工意料。事实上，绩效评估也是设定下一绩效管理周期绩效和发展目标的开始。

（二）预期的成果

1. 主管和员工之间关于绩效和发展的双向对话。

2. 评估表填写完毕，并确定下一年度绩效改进的重点。

3. 填写并签署绩效目标评估表，表格中记录绩效目标的单项评分和总体评分。

4. 核心能力评估表填写完毕，确定下一年度发展重点。

（三）在回顾过程中应给予的回馈内容

1. 就绩效提供回馈：说明相关行动及结果。

2. 表彰成绩和优点，以鼓励员工继续保持较高的绩效水准。

3. 激励员工提高绩效。

4. 就主要工作职责及核心能力评估达成共识，并确定下一绩效周期的发展重点。

（四）回馈中的注意事项

1. 要扮演教练的角色。

2. 分别回顾各方面的绩效。

3. 在回顾过程中，不要将该员工与他人进行对比，应根据绩效计划中所设定的期望值及对该员工工作的要求来评估其绩效。

4. 不要主导讨论，主管与员工之间应进行双向式讨论。

5. 不要照本宣科或说个没完，应紧扣绩效计划这一主题，从解决问题的角度出发进行讨论。

6. 不要强调过去的问题，应着重探讨目前及将来的绩效。

7. 对于需要改进之处不要姑息或含糊了事，应通过拟订具体的行动方案来改进绩效。

（五）绩效评估注意事项

1. 对他人保密。

2. 强调优点和不足。

3. 确定一个对双方都方便的时间。

4. 回顾跟进表中的绩效记录。

5. 讨论并拟订解决绩效问题的方案。

6. 首先征求员工对其本人的评估，包括好的方面和有待改进的方面。

7. 对事不对人。

8. 逐个目标进行讨论，并给出具体而建设性的回馈。

9. 倾听并准备改变自己的观点。

10. 征求与倾听员工的反应。

11. 明确每项评分的理由，但不要把注意力集中在分数上，应注重目前及将来的绩效发展。

12. 当主管和员工评估并签字后，双方各保留一份表格复印件，并把原件送交人力资源部管理。

13. 当主管与员工对评估不能达成共识时，由主管的上级主管进行最后裁定。

二、绩效评估的总类别

总的说来，对员工的绩效评估可以有三种类型，即年度评估、平时评估和专项评估。公司的高层管理人员（总经理、副总经理）的绩效评估根据公司董事会决定另行安排。

（一）年度评估

每年 7 月份进行年中考核，翌年一月份进行年终考核，公司部分人员，如营销人员每月或季度考核一次。

（二）平时评估

各级直属主管对于所辖人员就平时工作、能力等，随时作出考核，并在平时考核记录表上记录下来，以便作为年度考核或专项考核的重要参考资料。

（三）专项评估

在考核年度内，员工具有特别优秀或特别恶劣的行为时，可安排专项考核，并随时进行。

三、评估的目的：全面了解被评估者的工作

全面了解被考核者的工作，是正确进行考核的基础。

（一）应该做什么

1. 应该完成什么任务和履行什么职责？

2. 准确把握被考核工作的主要方面。

3. 把工作的主要方面确定为考核的重点。

（二）应该如何做

1. 应该遵循哪些规章制度？

2. 应该遵循哪些工作程序和操作规程？

（三）应该达成什么工作结果

1. 工作的质量

（1）工作过程的正确性。

（2）工作结果的有效性。

（3）工作结果的时限性。

（4）工作方法选择的正确性。

2. 工作的数量

（1）工作效率。

（2）工作总量。

（四）应该具备哪些知识、经验和技能

1. 工作要求执行人员具备什么知识

（1）管理知识。

（2）专业知识。

2. 工作要求执行人员具备什么经验和技能

（1）公司协调：工作分配、执行监督、内外关系协调。

（2）人际交往：有效沟通、冲突处理、友善合作。

（3）培训引领：培训开发、工作引领、帮助下属解决问题。

（4）解决问题：发现及时、判断正确、方法得当。

（5）激励下属：公正公平、有效授权、建立团队意识。

（6）计划决策：决策正确、计划周密、执行有效。

（7）创新开拓：善于思考、方法独到、改善合理。

（五）应该以什么样的态度和行为从事工作

1. 工作态度

（1）敬业精神。

（2）主动精神。

（3）刻苦勤奋。

（4）忠于职守。

（5）敢于负责。

2. 工作行为

（1）率先垂范，以身作则。

（2）实事求是，扎实稳健。

四、绩效评估的工作程序

绩效评估应逐级进行，第一考核者应当是被考核者的直接上司，第二级考核者应当是被考核者的直接上司的上司或授权考核部门。

（一）绩效评估的一般程序

1. 人力资源部拟订绩效评估办法，发放绩效评估表。

2. 员工以本人的实绩为事实依据，对本人逐项评分。

3. 直接主管以员工的实绩为事实依据，对员工逐项评分并写评语。

4. 业务部门或职能部门进行综合评估考核打分，总评核后直接主管将考核结果告之员工。

5. 季度或半年考核时，各业务部或职能部向人力资源部递送绩效评估汇总表，考核表存在各业务部和职能部门。年终考核时，应将年度绩效评估表和考核分数汇总表一并送交人力资源部。

6. 员工的年终考核分数汇总表交人力资源部，人力资源部对年终考核结果作出分类统计分析，报主管总经理签核。

（二）绩效评估工作程序分为封闭式考核（见图6—1）和开放式考核（见图6—2）

1. 封闭式考核不将考核情况告知被考核者，不进行考核面谈，考核过程封闭进行。

2. 开放式考核通过被考核者填写“自我考核”部分，考核者与被考核者进行绩效面谈，交换意见，以达成观点一致，考核过程开放进行。

3. 采取封闭式考核还是开放式考核，应根据企业管理水平进行选择。

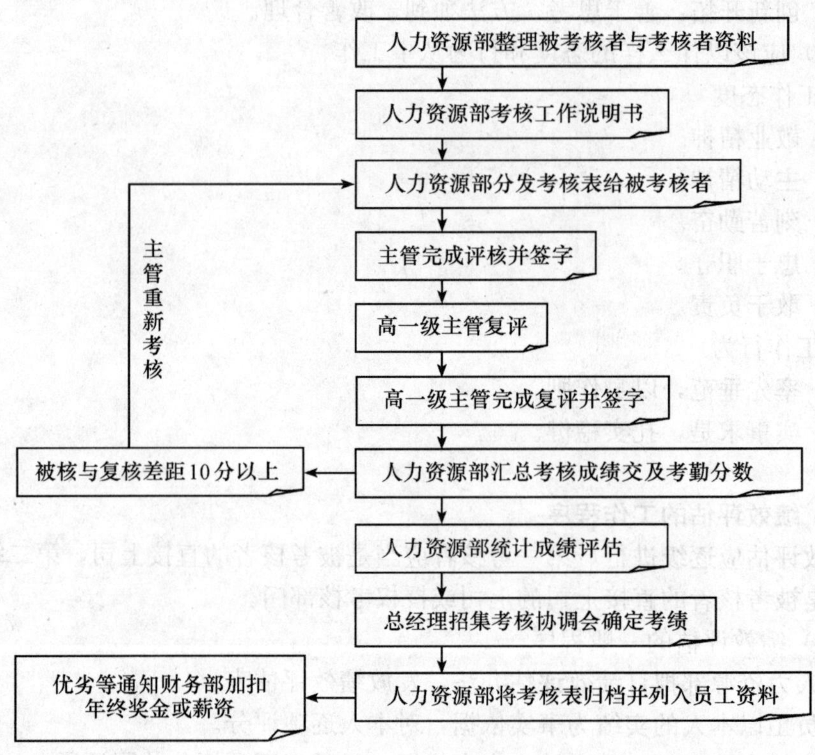

图6—1　封闭式绩效评估工作程序

五、考评者的选择

（一）直接上级评估

选择由直接上级评估，是因为通常他们是最熟悉员工工作状况和工作结果的人。在绝大多数情况下，直接上司是评估的最佳人选。但是上级在对员工评估时，必须要依靠工作记录来进行，而且直接上级独立完成评估后，一般要由员工直接上级的上级对评估结果作出复核。

（二）自我评估

由员工对自己的绩效所做的评估，一般形式是员工在综合绩效评估以前就自己的绩效水平填写一份评估表。自我评估体系要求员工在参加评估面谈之前先完成自己评估表格。至少这一程序给员工一个思考自身需要优化方面的机会，并就此引发员工进行讨论。

（三）同事评估

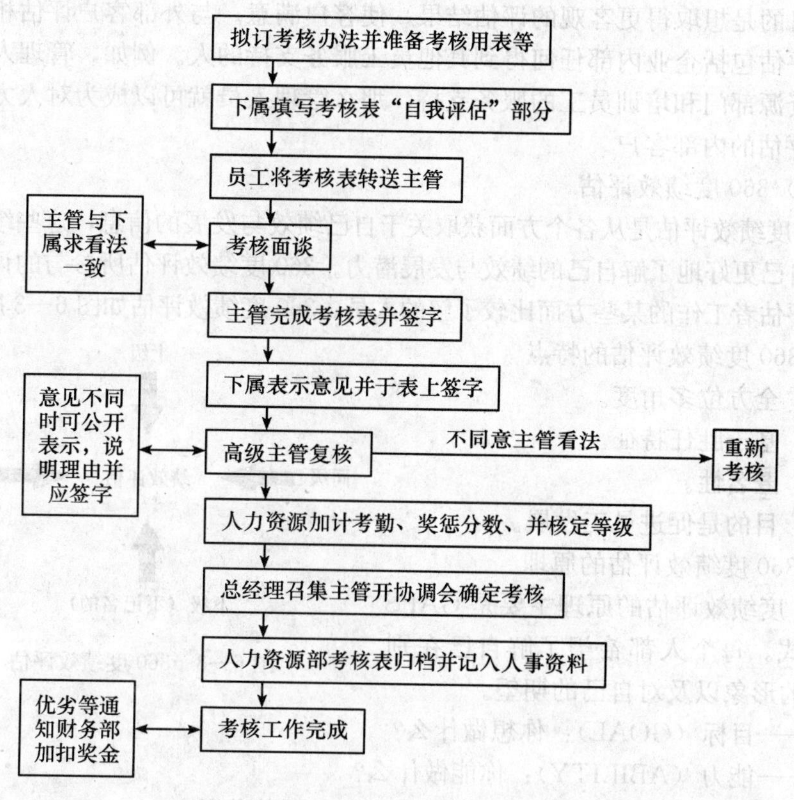

图 6—2　开放式绩效评估工作程序

同事评估和上级评估是从两个不同的角度来看待某个员工绩效的。同事们经常以一种不同的、更现实的眼光来看待某一员工的工作绩效，因为员工与其朝夕相处的同事会展示自己比较真实的一面。使用同事评估来对上级评估进行补充，可以帮助形成关于个人绩效的一致性意见。同事在评估一个员工的优化方面时，很容易观察到员工的领导能力和人际交往能力。

（四）下属评估

在评估主管时，员工有资格发言，因为他们经常与上司接触，站在一个独特的角度观察许多与工作有关的行为。下属非常适合去评价其上司在某些方面的表现，如领导能力、口头表达能力、授权、团队协作能力、对下属的关注程度等。但是，下属评估应该采取匿名提交的形式，并要综合考虑。

（五）客户评估

运用外部客户评估的公司，他们将客户服务标准作为绩效评估的一个参考数据，其目的是想取得更客观的评估结果，使客户满意。与外部客户评估相比，内部客户评估包括企业内部任何得到其他员工服务支持的人。例如，管理人员得到了人力资源部门和培训员工的服务支持，那么管理人员就可以成为对人力资源部门进行评估的内部客户。

（六）360 度绩效评估

360 度绩效评估是从各个方面获取关于自己绩效与发展的信息，这些绩效信息可以让自己更好地了解自己的绩效与发展潜力。360 度绩效评估所参与的评估者至少是对评估者工作的某些方面比较了解的人员。360 度绩效评估如图 6—3 所示。

上级
同级　绩效评估　自己
下级（不记名的）

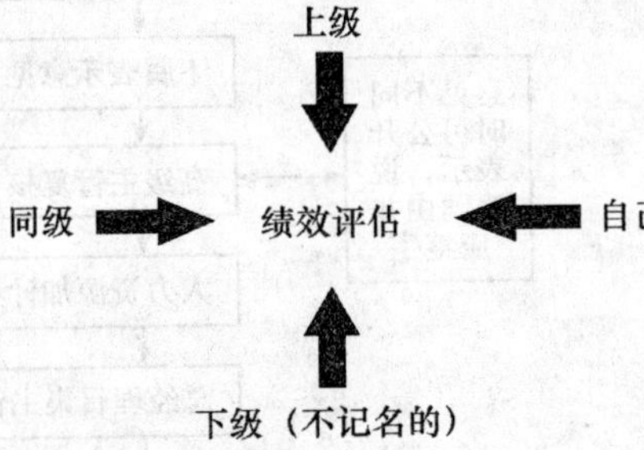

图 6—3　360 度绩效评估

1. 360 度绩效评估的特点

（1）全方位多角度。

（2）基于胜任特征。

（3）匿名性。

（4）目的是促进员工发展。

2. 360 度绩效评估的原理

360 度绩效评估的原理主要是 GAPS 评估模式。每个人都希望了解自己在别人眼中的形象以及对自己的期望。

G——目标（GOAL）：你想做什么？

A——能力（ABILITY）：你能做什么？

P——看法（PERCEPTION）：别人是怎么看待你的？

S——标准（STANDARD）：别人对你的期望怎样？

3. 360 度绩效评估如何反映个人绩效

360 度绩效评估实施程序如图 6—4 所示。

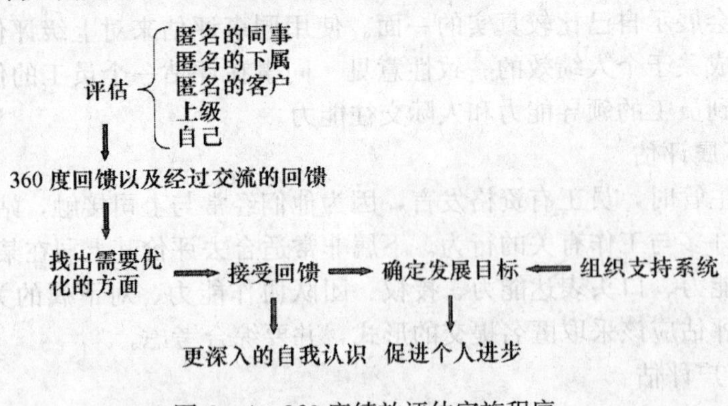

图 6—4　360 度绩效评估实施程序

事实上，360 度绩效评估也是关注我们工作产出的输出对象对被评估者的期望。

六、人力资源部在评估中的地位的再确认（见图 6—5）

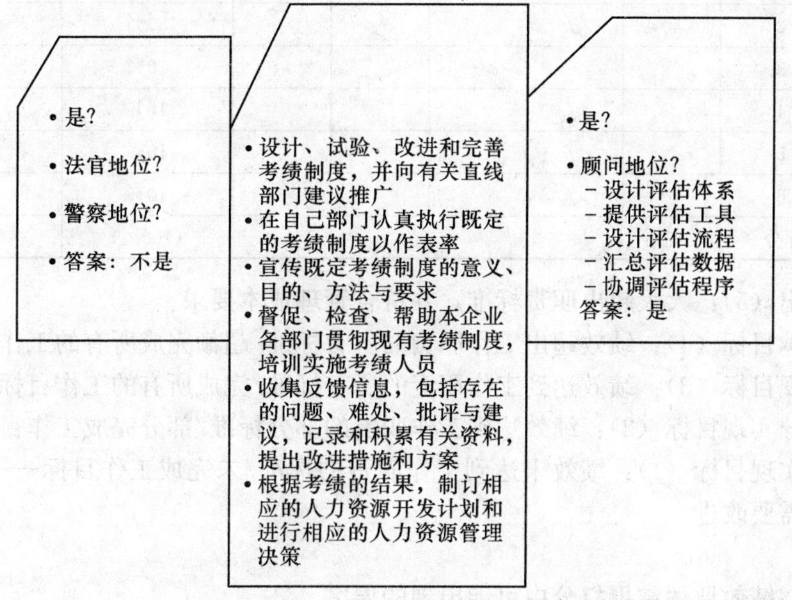

图 6—5　人力资源部在评估的地位的再确认

第二节　绩效评估的结果

绩效打分是对绩效评价结果的量化测量，在这仍然要注意，虽然表面上看是一个分数计算过程，但管理的原则和对人的理解是更重要的事情。

一、绩效评估结果打分的层级

一般说来，绩效分数的层级不是特别精确的测量，主要目的是对被评估员工的表现区分出差异，实现对一个组织绩效状况的全面了解，当然也包括对员工本人的信息传递。表述方法通常为 5 级。绩效评估结果打分的层级见表 6—1。

表 6—1　　　　绩效评估结果打分的层次

目标	单个目标评分结果					权重	小计
	1	2	3	4	5		
目标 1			√			30%	0.9
目标 2		√				30%	0.6
目标 3			√			10%	0.3
目标 4		√				10%	0.2
目标 5		√				10%	0.2
目标 6		√				10%	0.2
总体评分						(100%)	2.4

杰出（5）：大大超出职责标准，并符合管理成本要求。

超越目标（4）：绩效超出工作职责的所有标准/超额完成所有的工作目标。

实现目标（3）：绩效达到工作职责的所有标准/完成所有的工作目标。

部分实现目标（2）：绩效达到工作职责的部分标准/部分完成工作目标。

未实现目标（1）：绩效未达到工作职责的标准/未完成工作目标——代表工作表现需要改进。

二、绩效评估结果打分中可能出现的误区

绩效打分的误区见表 6—2。

表 6—2　　　　绩效打分的误区

误区	修正对策
晕轮效应：以偏盖全	以绩效评估情况或工作目标达成情况为依据
近因误差：以近期印象代替全部	分月季度考核，并记录结果
感情效应：结果不自觉受感情影响	以客观绩效指标为依据，二次考核为监督
集中趋势：结果趋于中间拉不开	对管理者进行管理技巧培训，结果以统计百分比进行衡量
轮流坐庄：轮流把下属评为低等级别	设定具有一定挑战性的绩效目标，自然分解出绩效的完成程度
偏见：上司对员工有某种偏见	加强绩效管理中的沟通

三、绩效评估失败原因分析

绩效评估失败的原因如图 6—6 所示。

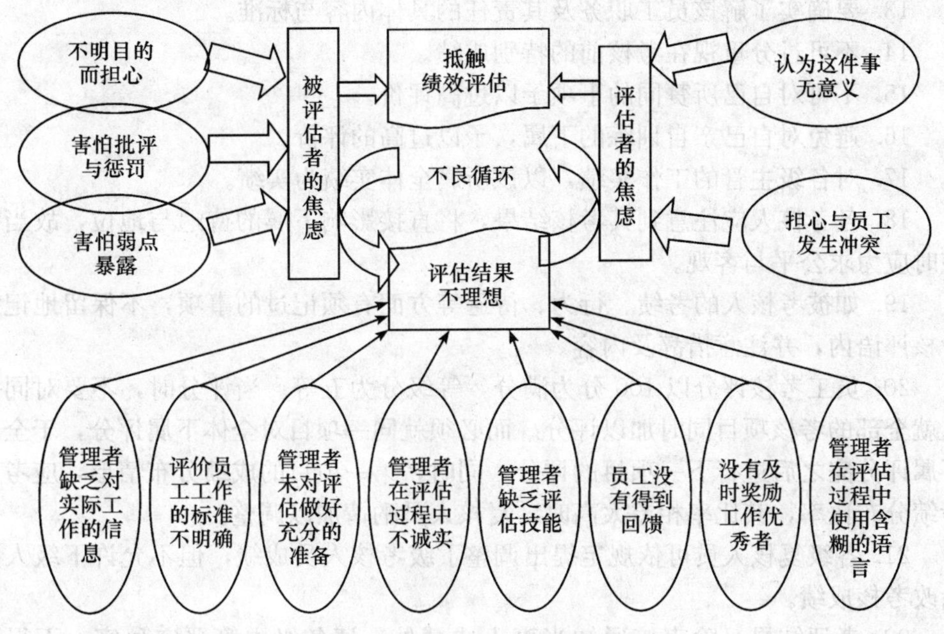

图 6—6　绩效评估失败的原因

四、绩效评估中的注意事项

1. 不要让你和下属等到评估结论出来时，才明白你对他们的要求。

2. 评估应总结整个年度的员工表现，故必须整年保持必要的书面记录。

3. 评估不应是主管的一言堂，要给下属机会谈谈自己的看法、意见和设想。

4. 看看下属对你的评估是否感到公平，不可能百分之百同意。

5. 在评估面谈中表扬员工的成绩，赞赏他们的能力。

6. 评价行为，而不是评价行为者，任何时间，把评估建筑在观察到的行为上。

7. 善于聆听，评估是获得价值回馈的机会。

8. 鼓励员工说出你使他们工作产生不必要困难的某些习惯。

9. 在每次评估后，继续保持与员工连续交流。

10. 建立相互信任关系，评估不是为追过去，而是为了改进未来。

11. 考评时请考虑被考核者奖励和薪资情况，与其工作表现价值相比。

12. 年中考核自 1 月 1 日起至 6 月 30 日止，年终考核自 7 月 1 日起到 12 月 31 日止，在考核期间以前的成绩无论好坏，均不得考虑在内。

13. 要确实了解该员工职务及其责任的具体内容与标准。

14. 不可过分重视在考核前的特别成绩。

15. 不可对自己所赞同的事项予以过高评价。

16. 避免对自己亲自训练的下属，予以过高的评价。

17. 对各级主管的工作实绩，以该所属全体实绩为实绩。

18. 各考核人应注意到其考核结果，将直接影响下属的待遇与地位，故当考核时应力求公平与客观。

19. 如被考核人的考绩、行为、待遇等方面有须记过的事项，不保留地记入考核评语内，并注意措辞及内容。

20. 员工考核评分以100分为满分，等级分为五等。当评分时，不要对同一人就全部的考核项目同时加以评分。而必须就同一项目对全体下属评分，于全体下属评分完之后进行下一项目的评分，同时，第一项目的成绩分布情形，应考虑考绩分布比率，其比率相差太高时，复核人员酌情加以调整。

21. 各级复核人员可依规定提出调整下级考核人员成绩，但不允许下级人员涂改考核成绩。

22. 考评结果（除直接通知当事人成绩外）请各级主管严守秘密，不得泄漏。

绩效评估面谈

最终评估时的面谈，有些方面类似于阶段性面谈，但由于时间长短不同，结果也不同，年终评估面谈还是有很多需要注意之处。

由于年终绩效评估的目的在于将员工自身的工作与公司的发展目标相联系，致力于发掘员工内在潜能和发展员工工作技能。因此，年终绩效面谈是达成绩效评估目的重要环节。

一、绩效面谈目的

1. 指出下属的优化方面。

2. 帮助下属分析绩效优劣的原因。

3. 对下属的表现达成较为一致的看法。

4. 双方拟订绩效改进计划。

5. 主管对下属提出希望，协商下次面谈时间及内容。

二、绩效面谈操作程序

（一）面谈准备阶段

1. 收集一年中员工所有材料和表格。

（1）工作表现的记录。

（2）其他人的评价。

（3）职位说明书。

（4）年初的工作目标。

2. 选择一处不受干扰的谈话地点。

3. 确定一个共同适宜的谈话时间并提前通知面谈对象，告知面谈目的。

4. 准备面谈提纲。

（1）如何开场？

（2）怎样谈下属需要优化的方面？

（3）怎样提出改进计划？

（4）如何表达主管的希望？

（5）下属有不同看法时怎么办？

（6）怎样让下属表达他的想法？

（二）面谈实施阶段

按照考核要素（说明具体分值和评分标准）肯定优点和成绩，指出需要优化的方面和不足，谈话重点放在被考核者的工作表现与结果上，而不是人格上。首先对无异议之处进行交谈，然后对有异议之处加以讨论，应留有时间让对方表述申辩，并熟练运用聆听和引领技巧，而达到面谈预期效果。要注重的是未来要做的而不是既往已做的。

1. 明确面谈的目的、程序。

2. 首先由下属对照年初拟订的工作计划目标、简要报告一年工作。

（1）注意倾听。

（2）将感情成分与事实内容分开。

（3）澄清不清楚的地方。

（4）总结和回馈。

3. 主管对下属一年的工作绩效性定量加以评估。

（1）以年度工作目标为依据。

（2）举例说明第一个你希望讨论的要点。

（3）提出从其他主管和外在客户处得到的相关回馈。

4. 双方商讨绩效中潜在可改进之处。

（1）确定改善绩效所需要的知识、技能。

（2）确定任何需要改善的行为。

5. 行动计划。

（1）确认双方同意绩效改善的行为（包括培训、引领、新的经验等）。

（2）互相理解和达成一致。

（3）对所计划的行动表现出兴趣、责任。

6. 讨论并澄清下属发展的需要及期望。

7. 填写《员工绩效评估表》。

8. 确定下属绩效考评等级。

9. 双方商讨来年的工作计划目标。

10. 商定下次面谈的时间、地点。

（三）面谈汇总阶段

1. 面谈是否达到目的？是否帮助了下属？

2. 如果没有达到目的，怎样办？如何改进？

3. 谁说的较多？

4. 是否与下属有了更深的了解？

（四）绩效面谈技巧

1. 建立双方信任的谈话气氛，明确评估面谈不是为追究过去，而是为改进未来。

2. 明白告知本次面谈的目的。

3. 对照目标、标准逐一讨论，进行绩效评估，并说明考评分数的依据，一切以数据说话。

4. 肯定下属的优点，共同确认贡献及需要，改进不足之处。

5. 面谈是双向沟通的过程，倾听是沟通最好的方法。

6. 勿将考评与工资混为一谈。

7. 避免算旧账。

8. 不要与他人进行比较。

9. 给下属发言及说明的机会，不要制止下属发言。

10. 尽量不要啰唆，不要说教。

11. 具体指出与你要求较接近的事例。

12. 说话期间不受干扰。

13. 谈话中心应是绩效本身而不是其他，如下属的性格等。

14. 客观地向下属提供建设性的改进方法。

15. 让下属把重点放在对未来的展望，共同拟订新的工作（改进）目标。

16. 谈话结束应是鼓励，使下属满怀信心离开谈话地点。

17. 面谈一旦出现以下情况应立即停止，并待下次继续再谈。

（1）彼此信赖瓦解了。

（2）主管或下属有急事要前往某处。

（3）下班时间到了。

（4）非常疲倦，难以集中精神。

（5）预先确定的目标未能达到。

三、绩效面谈操作流程实例（见图 6—7）

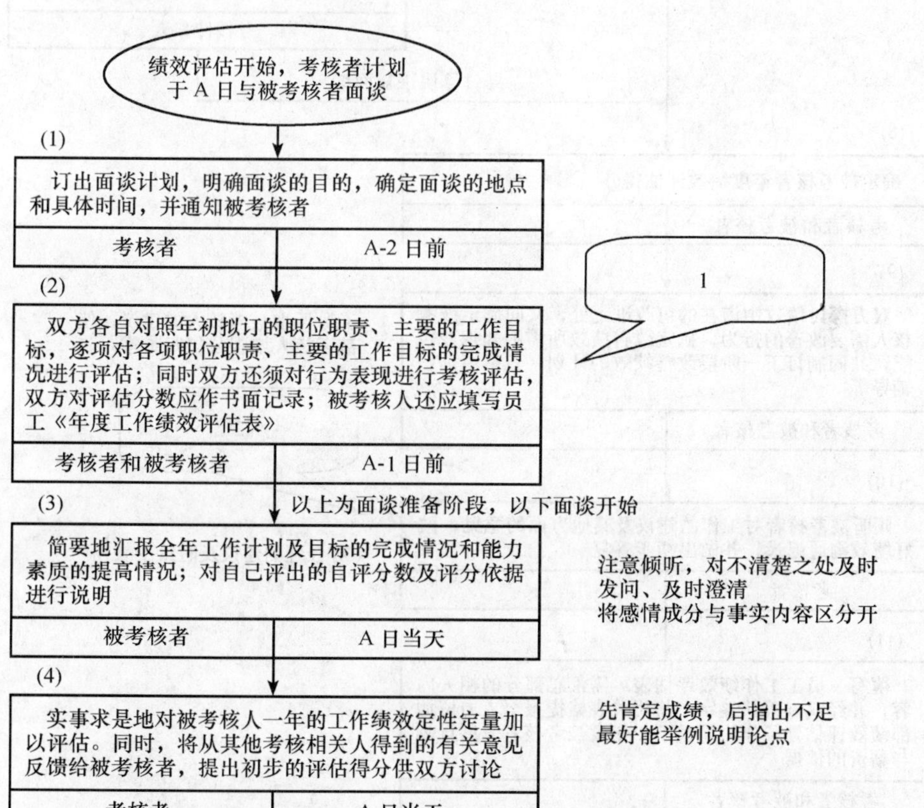

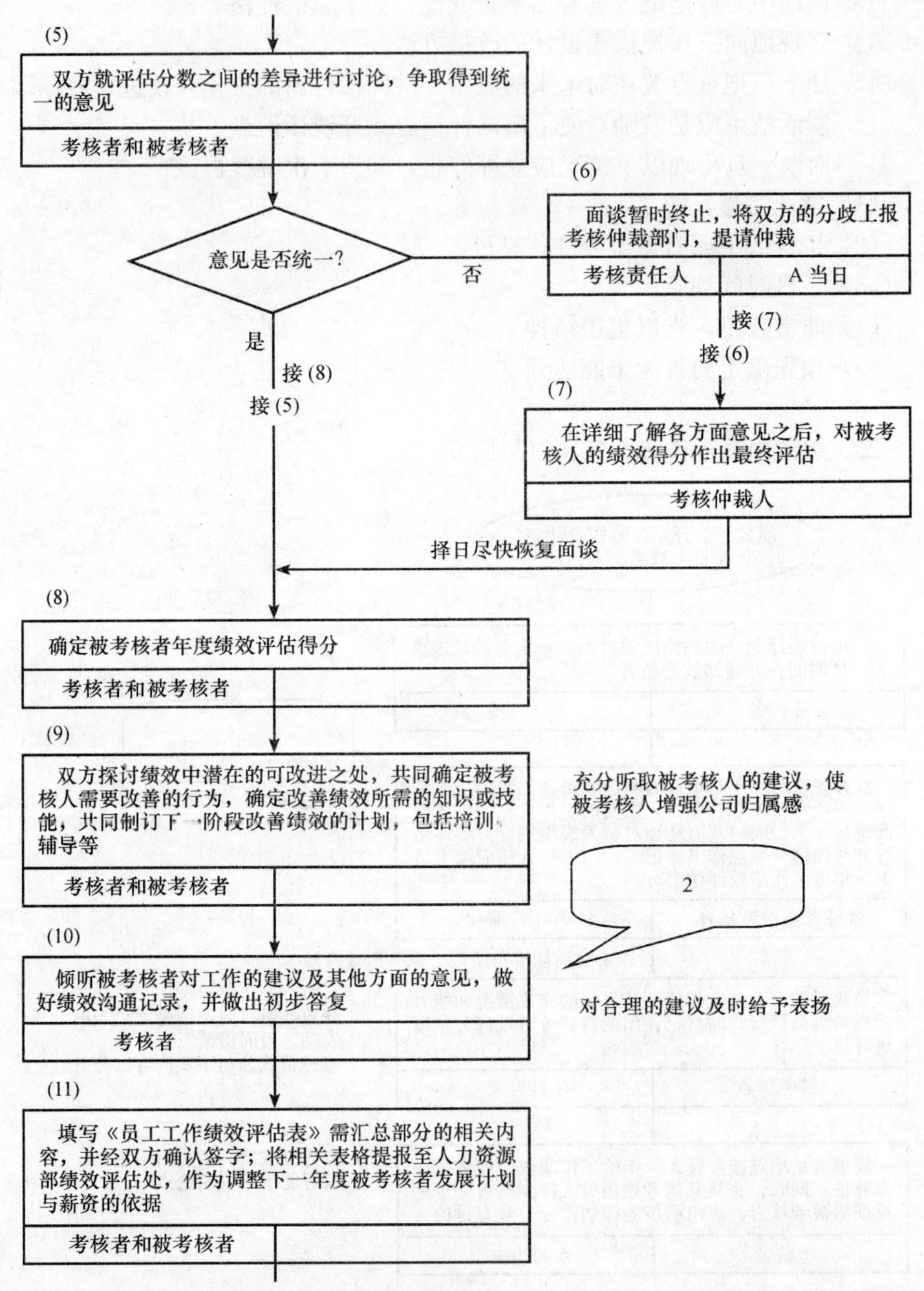
(5)
双方就评估分数之间的差异进行讨论，争取得到统一的意见
考核者和被考核者
意见是否统一？
否
(6)
面谈暂时终止，将双方的分歧上报考核仲裁部门，提请仲裁
考核责任人
A 当日
接 (7)
接 (6)
是
接 (8)
接 (5)
(7)
在详细了解各方面意见之后，对被考核人的绩效得分作出最终评估
考核仲裁人
择日尽快恢复面谈
(8)
确定被考核者年度绩效评估得分
考核者和被考核者
(9)
双方探讨绩效中潜在的可改进之处，共同确定被考核人需要改善的行为，确定改善绩效所需的知识或技能，共同制订下一阶段改善绩效的计划，包括培训辅导等
考核者和被考核者
充分听取被考核人的建议，使被考核人增强公司归属感
2
(10)
倾听被考核者对工作的建议及其他方面的意见，做好绩效沟通记录，并做出初步答复
考核者
对合理的建议及时给予表扬
(11)
填写《员工工作绩效评估表》需汇总部分的相关内容，并经双方确认签字；将相关表格提报至人力资源部绩效评估处，作为调整下一年度被考核者发展计划与薪资的依据
考核者和被考核者

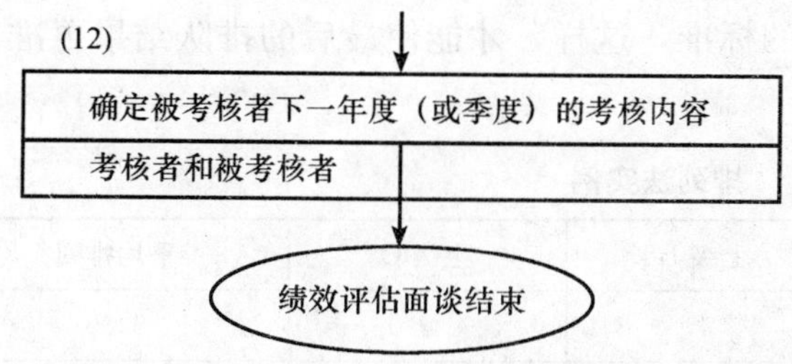

图 6—7　绩效面谈操作流程实例

与每个被考核者按照上述流程进行绩效面谈的时间一般为 1.5～2 个小时。

第四节　绩效考核方法比较

考核的方法有很多种，常用的考核方法有排队法、评分法、目标管理考核、关键事件法等。各种绩效评价方法都可以归入两类绩效评价系统，即相对评价系统和绝对评价系统。相对评价系统主要指员工比较系统，适于群体考核，绩效的评分系统为常模参照分数；绝对评价系统又称个人考核系统，在个人考核中，要对一个员工在一段时间内的绩效行为进行考核，不存在与其他员工进行比较的问题，绝对评价系统主要包括各种绩效考核方法，从测量角度讲，绝对评价系统的评价分数为标准参照分数。

一、员工比较系统

（一）排队法

员工排队法着重于员工之间的比较。不管排队的程序是如何选择的，考核的结果将是有关员工表现的一个序列。排队法通常可以有以下三种做法：

1. 简单或者直接排队法。
2. 成对比较法。
3. 选择排队法。

这些方法的结果都是最好的员工排在第一，然后依此排列，直到所有的员工排完为止。排队时可以使用一个整体化的标准，也可以使用几个标准。

使用复合标准，员工最后位置取决于他在几个标准排队中的位置。标准是根据工作分析结果设计的。当选择复合标准时，必须认真地以工作职责为基础，避免使用定义不清或者高度主观性的标准，这样，才能使最后的排队结果更准确。排列法实例见表 6—3。

表 6—3　　**排列法实例**

员工	上级 A	上级 B	上级 C	平均排列
赵	5	6	4	5.00
钱	2	3	2	2.33
孙	9	7	7	7.67
李	8	9	8	8.33
周	7	8	9	8.00
武	4	4	5	4.33
郑	3	2	3	2.67
王	6	5	6	5.67
冯	1	1	1	1.00

（二）成对比较法

成对比较方法将信息加工减少到只有两个员工同时进行比较。成对比较法示例见表 6—4。

表 6—4　　**成对比较法示例**

表现考核标准：工作数量

姓名	员工号码						排队顺序
	员工号码	1	2	3	4	5	
甲	1	—	2	3	4	5	5
乙	2		—	3	2	5	3
丙	3			—	3	5	2
丁	4				—	5	4
戊	5					—	1

说明：每个员工与另一个员工相比，当某员工比另一个员工表现好时，输入该员工的号码。

为了克服顺序误差，成对比较法一般对每对员工要进行两次比较（一次以 A、B 顺序，一次 B、A 顺序）。成对比较法的两次比较如图 6—8 所示。

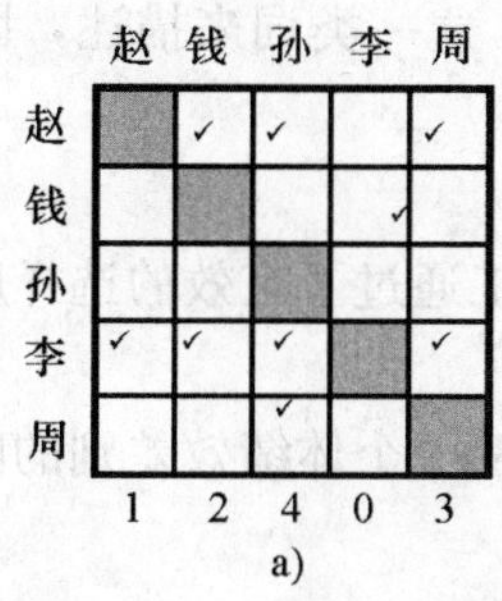

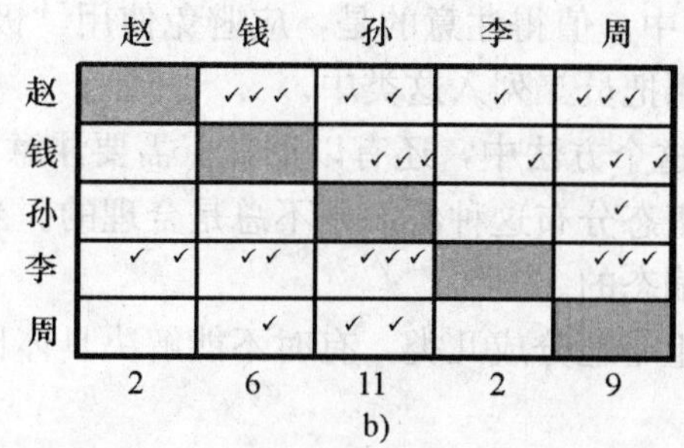

图 6—8 成对比较法的两次比较

a）总的工作绩效标准 b）复合标准

图 6—7a 中矩阵模式是采用总的工作绩效标准进行成对比较。

图 6—7b 是采用复合标准（三个）进行成对比较。

一般来说，做出评定比较的个体越多，结果就越准确。同样是对员工的绩效排列顺序，成对比较法比排列法的评定结果要准确得多。但是，当员工数量很大时，成对比较法的工作量也就很大，要进行 N（N−1）÷2 次比较（N 为人数）。例如，当员工为 40 人时，就要进行 780 次［40×（40−1）÷2］比较。

（三）硬性分配法

1. 硬性分配法只用在以下几个方面：

（1）员工数量较大（20 以上），而且是由一个评定者来评定。

（2）不需要很准确地区分员工。

（3）假设员工的能力呈一正态分布。

一般把员工按一定的比例分入正态曲线中的几类中（通常为 5 类），如图 6—9 所示。

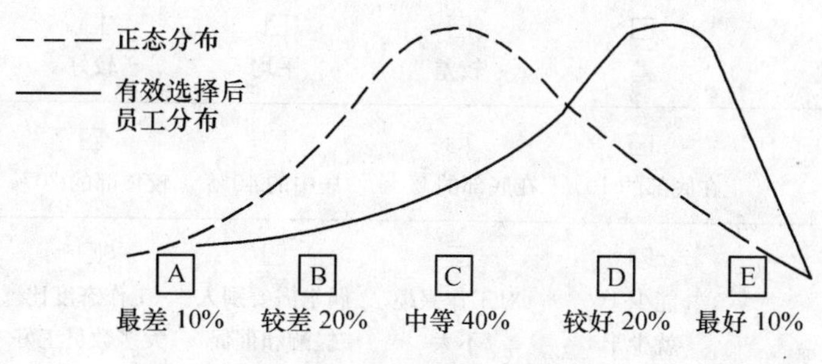

图 6—9 硬性分配法示例

例如，对于 30 个员工，就可以分别把 3、6、12、6、3 个人分到 A、B、C、

D、E 各类中。值得注意的是，应避免使用“极差”这一类词来描述，因为有时管理者不愿把员工列入这类中。

2. 在这个方法中，还有以下几点需要注意：

（1）正态分布这种假设并不总是合理的。当员工通过了有效的选择后，分布就应该是偏态的。

（2）粗略地分成几类，有时不能解决具体比较两个个体绩效差别的问题。

二、绝对绩效评价系统一：量表法

（一）描绘性评定量表

在考核中，最古老也是最广泛的使用方法是量表评分法。在考核中，考核人员要在量表中就各项指标对员工评分。评分可以是一系列的空格或者是从 0 到 9 的等级。然后这些等级要对应于相应的分数，例如，将“出色”定为 4 分，将“不合要求”定为 0 分，最后统计总分。表 6—5 是几种评定量表的例子。A、B 为连续描绘性评定量表，要求评定者在线段任何地方做出评定标记，然后用尺子测量出标记位置的距离，就得到了评定的结果。C、D、E 是多级分段评定量表，给评定者几类特点，令其做出选择。量表上各点的定义可采用一个词，如 C；一个数字，如 D；也可以用一段简短的描述，如 E。

表 6—5　　评定量表示例

A. 员工与别人相处的能力	差	较差	平均	较好	好
B. 工作质量	差				好
C. 工作动机	□ 差	□ 较差	□ 平均	□ 较好	□ 好
D. 工作能力	□ 在底部的 10%	□ 在底部的 20%	□ 居中的 40%	□ 较顶部的 20%	□ 顶部的 10%
E. 工作态度	□ 能少干就少干	□ 对工作兴趣不大	□ 偶尔需要别人提醒和催促	□ 工作态度比大多数员工好	□ 工作态度令人满意

由以上可看出，描绘性评定量表简单实用。但它很容易受我们后面将讨论的评定者的一些主观因素的影响（如标准过宽、过严、趋中等），导致结果出现

偏误。

（二）混合标准量表（MSS）

1. 混合标准量表（MSS）

MSS 是为了将光环效应和宽容偏见降低到最低限度而特别设计的。

有两种改进的方法可以使量表法更为有效。

一种改进方法是混合标准计数法，这种方法与简单的特征评价不同，例如，就工作主动性这一特征进行考核，混合标准计数法将特征分为三句话加以描述：

（1）他是一个真正工作主动的人，总是主动工作而不需要主管的督促。

（2）尽管总体上说他是工作主动的人，但是偶尔也需要主管的督促。

（3）他在工作中总是持观望态度，等待主管的指示。

在每句话后面，考核人要作标记，√表示该员工是否符合标准；＋表示优于标准；－表示劣于标准。这样就产生了 9 个等级。

另一种改进方法是在量表中加入一些说明来描述表现的不同水平。例如，美国空军军官的考核量度表就是一例。

MSS 量表的制作步骤是：第一步，从了解详细情况的人那里得到一些能区别绩效好坏的项目。第二步，对于每一个要评价的绩效方面，选择三个项目分别代表“好”“一般”“差”，这就是绩效的标准或等级，评定者必须对每一个标准作出回答，指出他是否认为被评人高于标准（＋），或符合标准（0），或低于标准（－）。

2. MSS 量表示例

表 6—6 所示为考核量度评分等级表示例，在表 6—6 的 A 部分，量表列出了需要考核的因素，并对这些因素都有简洁的描述，在 B 部分，描述了用于考核四个因素的各种标准。这种方法增加了考核成果的可靠性。

（三）行为观察量表

目前，在人力资源管理实践中，大量运用的评定量表是拉萨姆、瓦克斯雷提出的行为观察量表（BOS）以及斯密斯、坎德尔提出的行为定点量表（BARS）。它们既具有评定量表的优点，又克服了各种主观判断所造成的误差。

1. 行为观察量表（BOS）（见表 6—7）

BOS 的设计是按下列步骤进行的：

第一步，运用关键事件分析法进行职务分析。对一组既了解职务的性质、目的，又能经常观察到这项职务（包括职务的领导、任职者、下级、客户等）的人员，通过会谈法了解他们所观察到的职务操作情况。谈话可以单个进行，也可以集体进行。职务分析专家要求观察者描述职务操作行为中的有效和无效事件，一

表 6—6　　考核量度评分等级表示例

表 A. 表现因素

没有发现或无关

1. 工作知识（深度、广度、现代）

举例：在履行工作职责的时候，军官的实际行为证明他所具有的工作知识的深度、广度和现代程度，应当考虑工作的数量与质量。

2. 判断和决策（一致性、准确性、有效性）

举例：该军官是否思维清楚，能否作出正确和符合逻辑的结论。该军官如何抓住问题、分析问题并提出可行性的解决方案？

3. 计划与公司工作（及时性、创造性）

举例：该军官是否不局限于目前的工作要求？他如何预测未来的重要事件？

4. 资源管理（人力资源和物质资源）

该军官是否通过有效的人力资源和物质资源的管理达到最佳的经济效果？

表 B	与标准距较远	低于标准	符合标准	高于标准	高于标准较多
工作知识	•在技术和专业知识方面存在严重缺陷 •只知道工作中的起码知识 •缺少提高工作效率的知识 •需要对其工作进行超出常规的检查	•具有的技术与专业知识不充分 •只能安排从事一些日常的工作并需要常规检查 •要求密切监督	•证明具有完成工作所需要的技术和专业知识 •能够分析各种因素，找到解决问题的正确方法 •有广泛的与工作有关的知识 •具有对工作发展有关的知识	•具有敏锐的洞察力并能将其应用到实际问题的处理中 •了解有关领域的重要发展信息 •对工作任务具有广泛的知识 •可以有效地应付困难的局面 •工作中很少需要引领或者协助	•具有超常的技术和专业知识 •精通工作，通过改善工作方法，可以有效地节省人力和材料 •能够保持和提高专业技术知识 •主动寻求新观点并在工作任务中寻求发展 •在其领域中具有公认的权威性

般至少要求 30 人进行大约 300 个事件的描述。职务分析专家需要运用会谈技术，引领职务观察者对事件进行正确描述。例如，服务态度不好，最终被描述为与客户争吵，把客户的食物或饮料弄洒了，而没有向客户道歉，让客户久等。

第二步，对关键事件依照行为归类。如两个或多个观察者都描述了饭店服务人员要回答客户对菜单的一些特殊问题，那么这些就应归入“回答客户对菜单提问”的行为项目中。

第三步，把类似的行为项目归类成 BOS 标准。通常，在这一步骤中，行为项目被归为 3～8 个 BOS 标准。

表 6—7　　　　　　　　　　BOS 实例

评定管理者的行为 5 表示　　95%～100%都能观察到这一行为 4 表示　　85%～94%都能观察到这一行为 3 表示　　75%～84%都能观察到这一行为 2 表示　　65%～74%都能观察到这一行为 1 表示　　0～64%都能观察到这一行为 NA 表示　　从来没有这一行为 克服对变革的阻力 （1）向下级详细地介绍变革的内容 （2）解释为什么变革是必须的 （3）讨论变革为什么会影响员工 （4）倾听员工的意见 （5）要求员工积极配合参与变革的工作 （6）如果需要，经常召开会议听取员工的反应 6～10 分：未达到标准；11～15 分：勉强达到标准；16～20 分：完全达到标准；21～25 分：出色达到标准；26～30 分：极优秀

第四步，评价内部判断一致性。内部判断一致性是考察不同个体对同一关键事件是否评价归入同一行为标准中。把事件顺序呈现给另一些职务观察者，比较他们按上述步骤所确定的 3～8 个 BOS 标准是否把事件做了相同的归类。

第五步，评价内容效度。在把关键事件进行归类集中时，大约有 10%的事件没有归入行为项目中。这时还应再考虑这些事件是否描述了列出的行为项目，或是否可以列入已列出的行为项目中。

第六步，构造评定量表。把每一个行为项目与一个利克特（Lile）5 点量表连接起来。观察者要指出其所观察员工的每一行为出现的频度。

第七步，去掉次数过少和过多的项目。在上述步骤得到的 BOS 行为项目中，有些虽然能够描述有效或无效的职务操作，但是无论对好的还是差的员工，这些行为是经常出现或是很少出现的。如殴打客户等。这类不具有鉴别意义的项目就应去掉。

第八步，确定 BOS 量表的信度及各个 BOS 标准的相对重要程度。

2. 行为定点量表

目前为止，在绩效评价制度中容易被评定者接受的方法，从心理测量理论来看往往是不可信的，相反，那些在心理测量上被接受的方法又往往不为评定者所喜欢。BARS 量表却是其中少有的，同时被两者所接受的一种方法。

(1) BARS量表的设计程序

行为定点量表（BARS）。该表的设计是按下列步骤进行的：

第一步，确定职务。与BOS方法相同，也采用会谈法。要求一组熟悉某一职务的管理者及员工，确定该项职务绩效对员工要求的数量。例如，某一个职务需要员工在工作知识、动机、人际关系、管理等方面达到某些特定要求。

第二步，列举行为。从每一角度列举出行为表现的各个方面的例子，以定义高绩效、一般绩效、低绩效的关键事件，以备作为绩效的标准。例如，对人际关系，“好”是指由于这个员工总是乐于帮助别人，其他员工不仅愿意和他谈工作中的问题，也愿意和他谈个人的问题；“中等”是指这个员工能够友好地帮助别人，但有时自以为是的态度使别人不敢与之交谈；“差”是指这个员工自己有错误却向领导或同事发火，使大家很反感。

第三步，重新分布行为。由另一组人将关键事件分类或划归到最能说明的绩效方面去。即让另一组领导和员工独立地把前面已得到的职务角度的每个行为项目重新分配归属到各个角度中去。例如，“这个员工能够独立找到解决难题的有效方法”可能被归入管理能力中去。

这一过程叫转译。在绩效评价中，这一过程保证了工作角度和经选择可说明这些角度行为事件的意义。如果某个关键事件应该属于哪个工作角度不能取得一致判断（通常为60%～90%），那么这些事件就要被删除掉。如果某个工作角度找不到可以说明的关键事件，这个工作角度也将被删除。通过这个过程，所有意义不确定的项目就被除去，而员工某一职务潜能表现的独立角度就确定了。

第四步，为每一项目赋值。将经过转译过程保留下来的工作角度的每一项目进行判断。让每个人对每个项目（通常20个以上的项目）进行5、7或9点法评定。1点表示非常差，最高点表示非常好，中点表示中等。保留下来的项目是那些评定分值变化很小的项目。即项目评定具有较高的一致性。然后计算每个项目的平均值（取所有人评定结果的平均值）和每一事件的标准差，给每个事件定出量表值。

第五步，整理形成量表。把各个行为项目按角度和赋值的量的顺序整理排列，形成实用的量表。

(2) BARS量表的信度检验

检验BARS量表的信度，可以由主管人按照每一个绩效方面对下属进行评定的样本来检验。每个下属至少要由两个评定人独立地进行评定，然后计算评分者信度和量表内部的同质性信度。此后，定期检查BARS量表的信度。

BARS 实例

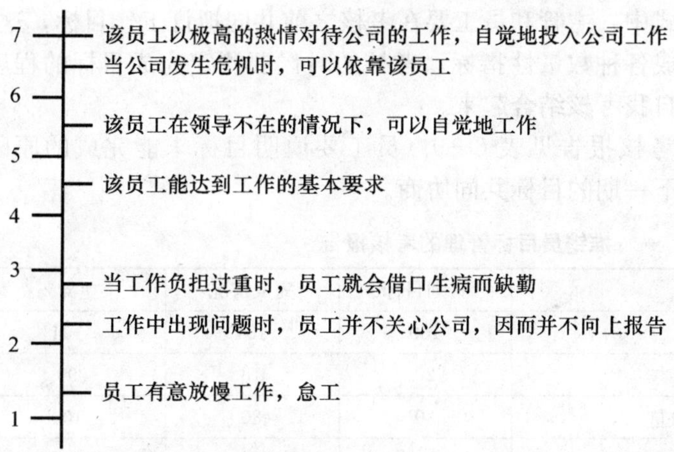

（四）强迫选择量表

强迫选择（FCCL）相对前面的量表来说，是一种比较复杂的评定方法。量表由 10～20 组组成，每组由四个行为描述项目组成。在每组四个行为描述中，评定者要分别选择一个最能描述和一个最不能描述被评定者行为表现的项目。每一组中的描述是经过心理学家精心设计的，保证每组中的两个描述涉及优点，另两个描述涉及需要优化的方面。在每两个相同性质的描述中，有一个能够区分绩效好与绩效差，另一个则不能，但是评定者并不知道选择哪一个会对被评定者有利或不利。因为每两个描述的强度都设计成相等的。

强迫选择实例见表 6—8。

表 6—8　　强迫选择实例

在下列每组四个项目中，你认为最能描述该管理者的行为，在 M 栏中打“√”，对最不能描述的行为，在 L 栏中打“√”。

	M	L
当员工工作好时表扬员工	☐	☐
对下级的建议不予重视	☐	☐
在压力面前能保持沉着镇静	☐	☐
对下级进行空头许诺	☐	☐
对影响员工的事情，却不让员工知道	☐	☐
每星期有几天提前上班	☐	☐
当自己犯错误时，也不向员工道歉	☐	☐
能够用人所长	☐	☐

三、绝对绩效评价系统二：目标管理考核及其他

（一）目标管理考核

在目标管理考核方式中，主管和员工要在考核之前共同拟订工作目标，这种方式主要是鼓励员工完成各种数量性指标。考核的时候要测定完成目标的程度。这种方式将主管考核与自我考核结合起来。

推销员目标管理的考核报告见表 6—9。员工要说明目标未能完成的原因，然后，主管和员工在就下一期的目标共同协商。

表 6—9 推销员目标管理的考核报告

目标项目	计划目标	完成情况	差异％
1. 销售电话拨打次数	100	104	104
2. 接触新客户数目	20	18	90
3. 批发销售 17 号新产品的数量	30	30	100
4. 销售 12 号产品的数量	10000	9750	92.5
5. 销售 17 号产品的数量	17000	18700	110
6. 客户服务电话	35	11	31.4
7. 成功完成销售函授课程的数量	4	2	50
8. 每月底在一天内完成销售报告的次数	12	10	80

（二）关键事件技术

应用关键事件技术时，人力资源管理人员和工作部门管理者要准备一个描述员工有效行为和无效行为的表格，这些描述的行为属于工作中的重要事件。人力资源管理专家将这些描述混合进各种不同的工作分类之中。弗拉纳根为考核经理设计了一套分类指标，包括质量控制、人员控制和公司能力。例如，对管理者的记录包括计划、决策、委任、分派、起草报告、人际关系等类；一般员工的记录包括安全、创造性、合作、工作的正确进程及对问题的机敏程度等类。每一类又分为积极事件和消极事件两小类。

一旦分类已经确定，有效行为和无效行为也已经明确，考核人员要为每个员工准备一个登记册。在考核时期内，考核人员要记录在每个分类中的关键行为（好的和差的行为)。在考核结束期内，用登记册考核员工。这种方式在考核面试中非常有用，因为考核人员是对特定的行为作出考核，这样避免了偏见。这种方式通常用于主管考核，而不是同事或者下属考核。

（三）小组评议

小组评议方法是由员工的直接领导与另外 3～4 个了解员工情况的管理者组

成小组对员工进行评价。一般小组人员由受过专业训练的人力资源部门专家组成。评议首先由员工的直接领导对员工的工作表现进行评定。然后，小组中的其他成员就职务的标准，员工目前的绩效情况，员工之所以表现在某一水平的原因以及改进建议等方面进行讨论，提供意见。

这种方法的优点是：多人评定可以减少直接管理者个人偏好及标准过宽、过严、趋中等对评定结果的影响，为员工改进工作提供了帮助。这个方法的问题是花费高，并且有时很难找到除了直接领导外，对员工工作表现比较熟悉的其他领导。目前，小组评议已发展成为评议中心。

第五节 绩效评估案例

本节以Ｂ公司季度绩效考核程序为例，讲述绩效评估的具体操作步骤。

第一步：确定考核内容

针对不同职位、不同职务的工作性质和工作要求，由直接上级与被考核员工沟通后，确定绩效考核的内容：

◇处级及以上管理干部，适用《员工工作绩效季度考核表》，主要考核内容包括职位职责、工作目标、行为表现，其权重分别为40％、40％、20％。

◇一般职员，职位工作侧重于动态性、阶段性、一次性的工作，适用《员工工作绩效季度考核表》，主要考核内容包括工作目标、行为表现，其权重分别为80％、20％。

◇基层作业人员，适用《基层作业人员考核表》，主要考核内容包括工作技能、工作效率、工作态度、工作纪律、服从意识，其权重分别为20％。

说明：

1. 对处级及以上管理干部的季度考核，特殊部门可以根据工作实际情况，经部门经理审批，调整《员工工作绩效季度考核表》中“职位职责”与“工作目标”在考核得分中所占的权重，调整结果必须同时报人力资源部备案。

2. 一般职员，指除了处级及以上管理干部、基层作业人员之外的所有员工。对职员的季度考核，各部门可以根据工作需要，经直接主管审核，报上级批准，添加对员工季度工作目标的考核，考核内容及权重设定参照处级及以上管理干部的考核模式，权重如需调整按上款执行。

3. 基层作业人员，包括工人、技术员、食堂组、环卫组、花木组、宿舍管理员、库管员、物料员、拆机员、发货员、收货员及其他类似职位，原则上统一采用基层作业人员的考核办法，少数职位可以选择适用一般职员的考核办法。

第二步：设定职位职责——职位职责填写说明

1. 职位职责与工作目标的联系与区别

职位职责与工作目标设定在绩效管理系统中互相配合，互为补充。

◇联系：是依据目标职位的工作职责和工作性质而设定，反映由公司战略目标分解得出的关键价值驱动因素，而且只反映目标职位最主要的经营活动效果，而非全部工作，并由上级主管设定，经员工认同。

◇区别：

职位职责：反映的是该职位相对静态、持续、反复性、例行性的工作任务。

工作目标：一般由职责引申而来，但具有动态性、阶段性、一次性的特点。

2. 填写说明

(1) 关键考核要项——根据本职位的职务说明书，提取关键考核要项，最好不要超过6项，不能确定的用“临时任务”表示；若临时任务包括多项，可在“考核标准”中具体罗列。管理人员在工作职责中要包含管理绩效的内容，权重为10%。建议从绩效引领、团队建设和内部规章制度建设角度制定。

(2) 考核标准——要具体并能够衡量，可以量化或细化，一般从职责完成的数量、质量、时间、成本的评价等方面确定。根据各项考核标准，设定扣分幅度，使考核标准便于衡量。

(3) 权重——经确认后各项职责的重要性程度，越重要的所占权重越大，权重加总必须为100%，其中“临时任务”不能超过10%。

扣分幅度说明：各项考核标准的扣分幅度，根据被考核员工工作实际情况，预先设定，设定基本原则为：最低扣分为1分；工作出现失误，造成公司损失，扣分标准统一规定为关键考核要项对应的权重数值的一半；工作出现重大失误，造成公司重大损失，关键考核要项对应的权重数值全额扣完。扣分分值不准出现。

◇能够量化的数量指标通过对量化数据的完成情况进行扣分：

例：工作目标——本季度完成10个部门考核方案的拟订，权重——20%。如果仅完成了8个部门，则扣分值为4。具体换算公式为20×(10－8)÷10，即扣分值＝权重值×(目标指标－实际指标)÷目标指标

◇对于时间指标等其他扣分分值参照以下满意度标准设定：

100：满意，完全按照考核标准完成。

80：基本满意，与设定的标准略有距离，不会影响本部门或其他部门的

工作。

60：不太满意，与设定的标准有较大距离，会影响本部门或其他部门的工作。

40：不满意，需要较大改进，明显影响部门或其他部门的工作。

0：非常不满意，工作有重大失误，或者与设定标准相距甚远，严重影响了本部门或其他部门的工作。

第一步：参照上述标准，确定百分等级下的分数区间。如“延迟1天”，领导认为应该评价为80，属于基本满意的区间。

第二步：如果权重对应数值是20，那么绩效得分是：20×80%=16分。

第三步：“延迟1天”应该扣除的分数是20－16=4分。

同样的道理，其他扣分幅度也参照以上程序设定。

量化或细化说明：考核标准应尽量做到量化或细化。

◇量化——设定定量的考核标准：

案例：考核要项：	考核标准：
销售额	增长8%
增加代理商	至少新增加10家
降低成本	单位产品直接成本降低5%

◇细化——设定定性的考核标准：

案例1：考核要项——6月底之前建立新考核制度

考核标准：

1. 不同的工作职位设定不同考核指标。
2. 考核标准70%以上量化或细化
3. 拟订对公司、部门、员工三个层次的考核方案

案例2：考核要项——接转电话

考核标准：

1. 迅速，无特殊情况下，电话铃三声之内接听。
2. 声音亲切、清晰（你好，这是某某公司）
3. 周到，在分机人员不在时，准确记录来电姓名、电话、回复时间

第三步：编制季度工作目标——工作目标填写说明

1. 目标的来源

工作目标要科学合理，事先必须准备好相应的信息。这些信息主要分为以下三类：

（1）关于公司的信息——公司的发展战略和经营计划。

（2）关于部门的信息——部门或团队的工作目标和计划。

（3）关于个人的信息——个人的职位职责和上一个绩效期间的考核结果。

2. 填写说明

（1）季度工作目标——目标以季度为单位拟订并实施，季度工作目标最好不要超过 6 项，由被考核员工初步制订。工作目标中所列各项任务要具有阶段性、一次性的特点，工作目标来自职位职责，是职位职责的延伸和补充，但不是职责的简单重复。

（2）权重——经确认后各项计划任务的重要性程度，越重要的所占权重越大，总和必须为 100%。

（3）起止时间——填写执行工作目标的起止时间，若目标任务的起止时间为整个考核期间，建议将此类工作目标放到职位职责中去考核。

（4）预期效果/考核标准——填写目标任务预期达到的效果或考核标准，一般从目标完成的数量、质量、时效性、所花费的资源和客户（上级）的评价等方面确定。

例：不合格的工作目标（见表 6—10）

表 6—10　　不合格的工作目标

工作目标	权重（%）	起止时间	预期效果/考核标准
送交劳动合同到人事部门	10	5 月 30 日之前	及时准确
每日计算工资	10	5 月 18 日之前	不出现任何错误
发放工资	10	5 月 18 日之前	准确无误，及时发放工资
发放本月的福利	5	5 月 28 日之前	准确无误
每日整理合同	5	5 月 28 日之前	准确无误
每日接听工资、福利查询电话	10	5 月 30 日之前	态度良好，亲切

◇目标不是简单的重复，如果每个月内容相同，那岂非变成每个月都是相同的目标？

◇目标不是简单、容易达成的，例如，只要花一个小时就能够完成的“送交劳动合同”，不是本季度主要的工作目标。

◇有的是日常性工作，不要列入目标任务，如“每日接听查询电话”不必要列入工作目标。

◇目标强调的是一次性的、阶段性的、支持部门的工作计划。

编制“聪明”的目标——最终编制的应是一个“聪明”（SMATR）的工作目标

S：Specific——指目标应明确、清晰。

M：Measurable——指这一目标的达成与否是可以确切衡量的。

A：Achievable——指该目标在现有时间、成本及其他环境条件下具有充分挑战性，但又有切实可行性。

R：Relevant——指这一目标与整个组织机构的发展目标是关联的，能为之做出贡献。

T：Time-based——指这一目标应在一个确定的时间框架内达成。

第四步：上级审核确定，开始执行职位职责或/与工作目标

1. 上级审核

被考核员工将按照第二、第三步骤填写好的《员工工作绩效考核表》交给直接上级，直接上级分别就以下内容进行审核：

◇职位职责：对关键考核要项、考核标准（包括扣分幅度）、权重等项内容进行审核。

◇工作目标：就主要工作目标、权重、预期效果、考核标准等项内容进行审核。

2. 双方沟通

直接上级在进行绩效面谈时，与员工共同讨论本季度《工作绩效季度考核表》。确定后，双方各持一份，作为本季度的工作引领和考核依据。

3. 执行职位职责或/与工作目标

（1）对于处级及以上管理干部的考核，要求考核双方每月月初就季度工作目标进行一次回顾与沟通。如果部门需要对季度工作目标进行分解，实施月度考核，可依据月度工作目标进行考核。月度目标的考核分数，由直接上级作为对季度工作目标完成情况进行审核评分的参考。

（2）在职责和目标的执行过程中，若出现职位职责或工作目标的重大调整，必须重新填写《员工工作绩效季度考核表》。

（3）直接上级必须及时掌握下属员工职责和目标的执行情况，明确指出工作中的问题，提出改进建议。

（4）直接上级必须在下属员工工作过程中给予有效引领，对于下属在绩效形成过程中存在的比较突出的问题、良好的表现以及其他绩效信息，应随时做好相关记录，以便为实施绩效考核积累客观依据。

说明：人力资源部提供《客户评价/绩效记录表》模版，各级主管可选择使用，用于记录员工平时的绩效信息，为实施审核评分和绩效面谈提供参考依据。

第五步：被考核员工自我评分

1. 评分标准。季度末，被考核员工根据事先确定的工作职责、工作目标和行为表现的考核标准对个人的职责或/与目标的完成情况进行自我评分，具体评分标准参考如下：

◇设定数量指标和考核标准扣分幅度的考核项，依照扣分要求进行扣分。

◇无扣分要求的考核项与定性工作目标的考核项，依照以下评分标准进行评分。

对各考核项的评分，因为采用权重对应的数值为满分值，在权重分数范围内进行扣分，故以下绩效区间提供的是占权重分值的比例。如某项工作权重对应值为 20，若员工绩效区间在 89～80 之间，直接上级评价为 85，则评分为 20×85%=17 分。其余依次类推。

绩效区间标准说明见表 6—11。

表 6—11　绩效区间标准说明

绩效区间	标准说明
100～96	工作绩效始终维持或偶尔超出本职位的考核标准，有如下表现：严格按照规定的时间要求完成工作，完成的数量和质量等偶尔超出规定的考核标准
95～90	工作绩效始终维持本职位的考核标准，有如下表现：严格按照规定的时间要求完成工作，完成的数量和质量完全达到规定的考核标准
89～80	工作绩效基本维持本职位的考核标准，有如下表现：基本上在规定的时间内完成工作职责、完成的数量和质量基本上达到本职位的考核标准
79～70	工作绩效经常维持或偶尔达不到本职位的考核标准，有如下表现：有小的疏漏，有时在时间、数量和质量上达不到规定的考核标准
69 以下	工作绩效显著低于本职位考核标准，有如下表现：工作中出现大的失误，经常在时间、数量和质量上达不到规定的考核标准

◇员工行为表现评分标准：员工行为表现每一考核项分值为 20 分，总分共计 100 分。各考核项评分标准对应如下：

20——表现卓越，远超出鼓励行为描述的考核标准。

19～18 分——表现优秀，超出鼓励行为描述的考核标准。

17～15 分——表现良好，达到鼓励行为描述的考核标准。

14～10 分——偶尔出现反对行为，略需改进可以达到鼓励行为描述的考核标准。

9 分以下——经常出现反对行为，需要进行大幅度改进才能达到鼓励行为描述的考核标准。

2. 填写说明

(1) 就工作职责进行自我评分——占总体绩效的40%(或80%)。

被考核员工对照考核标准，从职位职责方面进行自我评价，填写职位职责的自我评分表。

(2) 就工作目标进行自我评分——占总体绩效的40%(或80%)。

被考核员工对照考核标准，就各项目标的完成情况和存在的问题等进行自我评价，填写“工作目标”的完成情况和自我评分表。

(3) 就行为表现进行自我评分——占总体绩效的20%。

行为表现包括五个方面的考核内容：客户满意、执行力、学习成长、主人精神、团队合作，《某公司行为表现考核参考标准》提供了鼓励行为与反对行为的具体描述，在具体评分中依据鼓励行为和设定的评分标准进行评分，被考核员工就本人在实际工作中的具体行为表现填写自我评分表。

3. 员工将填写完整的《员工工作绩效季度考核表》提交给直接上级。

4. 在提交《员工工作绩效季度考核表》的同时，被考核员工可以根据实际工作情况的需要，填写《绩效评述表》，将在绩效面谈中想与上级深入讨论的工作问题、职业发展等想法提炼成文字内容，在面谈前交给直接上级，便于面谈前上级充分了解被考核员工的工作内容与想法。

第六步：直接上级审核评分

填写说明：

1. 就职位职责进行审核评分——占总体绩效的40%(或80%)

对照本季度的《员工工作绩效季度考核表》，就员工职位职责完成情况进行评价，填写审核分。

2. 就工作计划进行审核评分——占总体绩效的40%(或80%)

对照本季度的《员工工作绩效季度考核表》，就各项工作目标的完成情况和存在的问题等进行评价，填写审核评分。

3. 就行为表现进行审核评分——占总体绩效的20%

对照某公司行为表现考核参考标准，就员工实际工作中的行为表现填写审核评分。

第七步：绩效面谈

1. 绩效面谈的程序

(1) 绩效面谈必须在实施考核期间内完成，即每季度首月5日前。

(2) 面谈前被考核员工应将按第二、三步骤拟订的本季度的《员工工作绩效季度考核表》和按第五步骤完成自我评分的上一季度的《员工工作绩效季度考核表》一起交给直接上级。

（3）双方就上一季度被考核员工职位职责、工作目标的完成情况和行为表现进行沟通，确认事实。

（4）针对工作中的问题制定绩效改进与能力发展计划，由直接上级填写在上一季度员工工作绩效季度考核表的“绩效改进与发展计划”一栏。一般不适宜超过3项。

（5）直接上级就面谈沟通内容填写《绩效面谈记录表》。

（6）最终确定上一季度所有的考核得分。

（7）讨论并确定本季度的《员工工作绩效季度考核表》。

（8）人力资源部对绩效面谈的执行情况不定期进行抽样检查，对没有按规定执行绩效面谈的部门或人员，视情况给予通报批评和考核成绩降级的处理。

说明：具体绩效面谈注意事项请参考《绩效面谈指南》。

2. 绩效面谈的重要性

绩效反馈面谈是绩效考评中至关重要的一个环节，其重要程度甚至超过了绩效考评的本身。绩效考评的结果是拿来用的，而不是拿来存档的，而没有反馈就根本谈不上使用。没有反馈的绩效考评起不到任何作用。

没有绩效反馈，员工就无法知道自己工作是否得到了上级的认可，就会乱加猜测，影响工作心情；没有绩效反馈，主管就无法知道绩效考评是否真正起到了作用，对继续进行考评没有信心；没有绩效反馈，主管就不能有的放矢地指出员工的不足，更无法给员工提建设性的改进意见，最终将导致员工的进步受到限制，管理水平将无法得到有效的提高。

3. 绩效面谈的准备事项

要想绩效面谈成功，以下几个方面需要做好准备：

（1）收集以下资料

1）目标管理卡

当初与员工一起拟订的绩效管理目标，可能是目标管理卡，也可能是绩效计划，这是当初管理者和员工共同的承诺，也是绩效管理整个过程的重要依托，直到绩效反馈，它依然是重要的信息来源。所以，一定要再一次把绩效管理目标拿出来，作为谈话的重要内容，以备随时参阅。

2）职位说明书

作为人力资源管理最基础和最重要的文件，职位说明书是绩效面谈的内容之一。管理活动是个动态的过程，员工的工作有可能在过程当中发生改变，可能增加一些当初拟订绩效目标时所未能预料的内容，也有可能一些目标因为一些原因没能组织实施，那么，这个时候职位说明书作为重要补充将发挥重要作用。所以，员工的职位说明书也一定要置于案头以备查阅。

3）绩效考评表

绩效考评表由员工签字。

4）员工的绩效档案

所谓绩效档案，就是在平时的管理活动中，在跟踪员工绩效目标的时候所发现和记录的内容，这些是作绩效评价的重要辅助资料，是造成事实的证据。这个工作可能是一些管理者的薄弱环节，平时只忙于事务，可能无暇收集这些资料，也有可能根本就忽视了这个环节，如果没有建立员工绩效档案的话，就无法向员工解释考评结论，员工也不会认可。

（2）安排面谈计划

通常一个主管有若干个下属，不可能同时面对一群人来面谈，只能每一个人单对单地面谈。必须有一个统筹的安排，根据自己的工作安排，与员工进行适当的沟通之后，拟订一个行之有效的面谈计划，并将计划告诉员工，让员工有心理和行动上的准备。

（3）让员工做好准备

只有主管本人做准备是不行的，面谈是经理和员工两个人共同完成的工作，只有双方都做了充分的准备，面谈的成功才成为可能。所以，在面谈计划下发的同时也要将面谈的重要性告知员工，让员工做好充分的准备。

（4）注意面谈方式

准备工作固然重要，但相对来说，面谈的过程更加重要。所以，一定要在面谈过程中注意方式、方法，使面谈在融洽的气氛中进行，在愉快告别中结束，真正起到帮助员工提高的目的，而不要演变成批斗会、辩论场。通常一个员工的绩效表现有正反两个方面，有表现优秀值得鼓励的地方，也有不足必须加以改进之处，反馈应该从正反两个方面着手，既要鼓励员工发扬优点，也要鞭策员工改进不足。

1）对于正面反馈，有三点要特别注意：

①真诚

真诚是面谈的心理基础，不可过于谦逊，更不可夸大其词。要让员工真实地感受你确实满意他的表现，表扬确实是真情流露，而不是“套近乎”，拉关系。只有这样，员工才会把表扬当成激励，在以后的工作中更加卖力，通俗地说，表扬和溢美之词一定要“值钱”，不是什么都表扬，也不是随时随处都表扬，而是在恰当之处表扬，表扬要真诚，发自肺腑。

②具体

在表扬和激励员工的时候，一定要具体，要对员工所做的某件事有针对性地、具体地提出表扬，而不是笼统地说员工表现很好。例如，员工为了赶一份计划书而加了一夜班，这时你不能仅仅说员工加班很辛苦、表现很好之类的话，而是要把员工做的具体事特别点出。例如："小王，你加了一夜的班赶计划书，领导对你的敬业精神很赞赏，对计划书很满意。"这样，小王就会感受到不仅加班受到了表扬，而且计划书也获得了通过，受到了赏识，相比较，后面的话可能会对小王更有激励作用。

③建设性

正面的反馈要让员工知道他的表现达到或超过了主管的期望，让员工知道他的表现得到了主管的认可，要强化员工的正面表现，使之在以后的工作中不断发扬。同时，要给员工提出一些建设性的改进意见，以帮助员工获得更大的提高和改进。

2）对于反面的反馈，要注意以下几点：

①具体描述员工存在的不足，对事而不对人，描述而不判断。你不能因为员工的某一点不足，就做出员工如何如何不行之类的感性判断。这里，对事不对人，描述而不判断应该作为重要的原则特别注意。

②要客观、准确、不指责地描述员工行为所带来的后果。主管只要客观准确地描述了员工的行为所带来的后果，员工自然就会意识到问题的所在，所以，这时不要对员工多加指责，指责只能僵化主管与员工之间的关系，对面谈结果无益。

③从员工的角度，以聆听的态度听取员工本人的看法。听员工怎么看待问题，而不要一直喋喋不休地教导。

④与员工探讨下一步的改进措施。与员工共同商定未来工作中如何加以改进，并形成书面内容。

（5）实施反馈面谈

在上述准备工作做好后，可以进行反馈面谈。面谈应该在无人打扰的环境中进行，面谈不应该被电话和外来人员打断，只有这样面谈才能获得更佳的效果。

在面谈的过程，要注意观察员工的情绪，适时进行有针对性的调整，使面谈按计划稳步进行。

在面谈结束之后，一定要和员工形成双方认可的备忘录，就面谈结果达成共识，对暂时还有异议没有形成共识的问题，可以和员工约好下次面谈的时间，就专门的问题进行二次面谈。

第八步：考核结果的汇总与应用

1. 考核结果汇总

（1）部门各级人员的考核评定统一汇总后，报部门经理审批。

（2）各部门经理要对部门内员工的考核得分进行审核，并确定被考核员工的综合评定等级。

（3）部门经理对于本部门所有人员的最后考核得分有上下浮动 5 分的审核调整权，原则上，部门经理的审核调整应尊重员工直接上级的考核结果。考核结果的调整要在与被考核员工直接上级充分交流后进行。

（4）部门整体的考核等级分配必须符合公司规定的考核等级比例分配要求。

（5）每季度首月 5 日以前，各部门将《绩效考核部门汇总表》《员工工作绩效季度考核表》和《绩效面谈记录表》提交至人力资源部。

2. 评定等级标准

A^{+}：特优——就自身职位而言，以创造性的方式做出重大贡献或在工作方法方面有较大的改进，并有极大的推广价值。

A：优秀——超越职位常规要求，并完全超过预期地完成工作目标。

B：良好——完全符合职位常规要求，全面完成工作目标，并有所超越。

C：称职——符合职位常规要求，保质、保量、按时地完成工作目标。

D：基本称职——基本符合职位常规要求，但有所不足，基本完成工作目标，但有所欠缺。

E：不称职——不符合职位要求，对于管理人员，需要立即调岗或降级；对于一般员工，需要转为试用期或辞退。

3. 部门内各等级的分配比例（见表 6—12）

表 6—12　　部门内各等级的分配比例

考核等级	A^{+}（特优）	A（优秀）	B（良好）	C（称职）	D（基本称职）	E（不称职）
人数比例（%）	10		20	60	10	

说明：

（1）如部门工作突出，员工确实表现极佳，部门的人员考核等级比例限制超过控制的范围，逐级申请审批后，予以核定。

（2）特优人员比例不得超过 2%；特优人员需要填写《特优审批表》，由其部门经理向上级领导申请，上级领导审批后，予以核定。

（3）特殊情况，部门经理可以对考核等级为优秀、良好的人员，不调整其薪资，但应对员工说明理由。

4. 季度考核结果与薪资挂钩对应办法

详见《员工定期绩效考核结果与薪资的挂钩办法》。

5. 季度绩效考核结果的其他应用

(1)“绩效改进与发展计划”一栏的内容提供给人力资源部培训处作为设计实施员工学习与培训的参考。

(2) 季度绩效考核评为优秀和良好的员工，在内部竞岗和晋升程序中优先考虑。

(3) 每年度历次季度绩效考核评为优秀的员工，列入人力资源部储备人才库候选人名单，作为以后公司管理干部后备人选的选拔对象。

6. 季度绩效考核流程（见图 6—10）

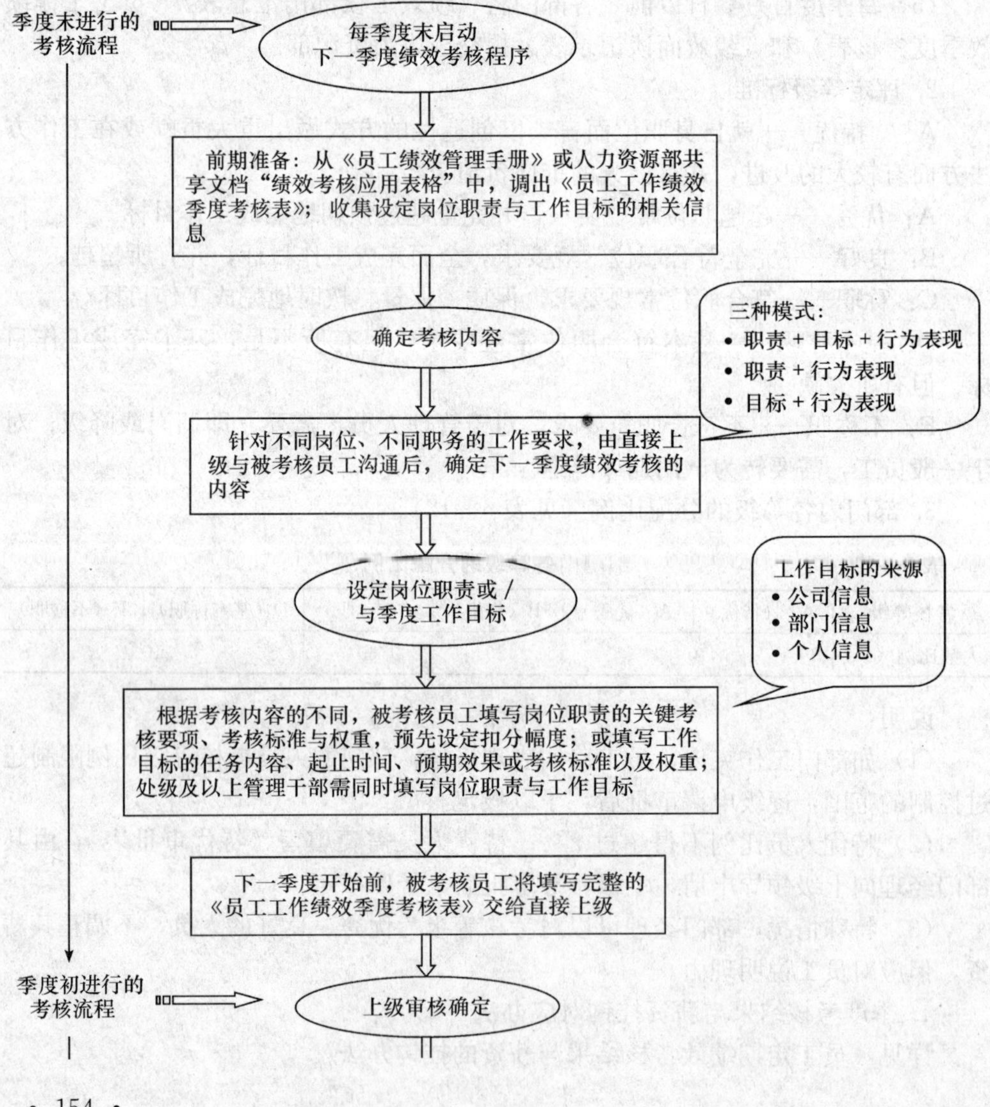

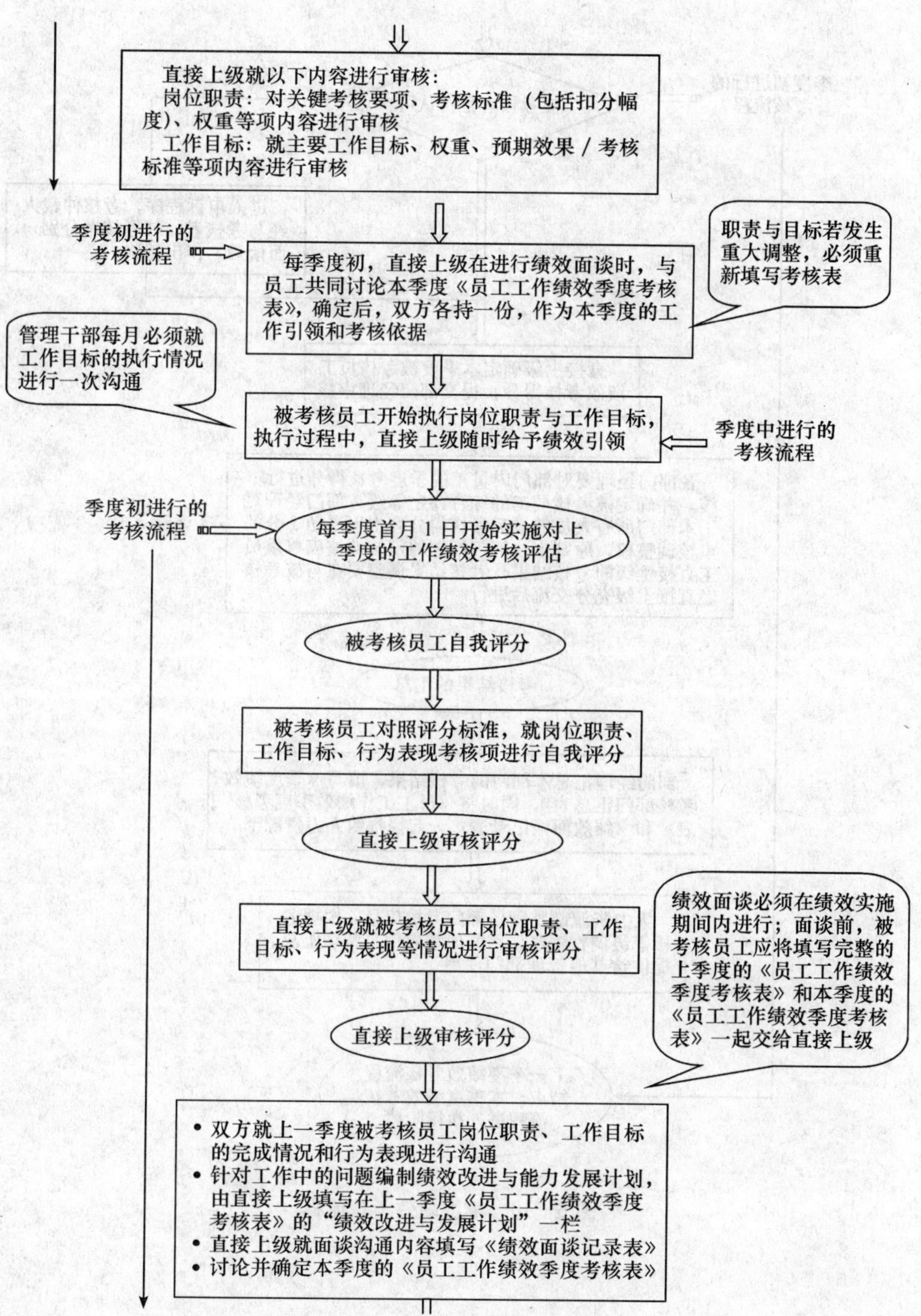
直接上级就以下内容进行审核：
岗位职责：对关键考核要项、考核标准（包括扣分幅度）、权重等项内容进行审核
工作目标：就主要工作目标、权重、预期效果／考核标准等项内容进行审核
季度初进行的考核流程
每季度初，直接上级在进行绩效面谈时，与员工共同讨论本季度《员工工作绩效季度考核表》，确定后，双方各持一份，作为本季度的工作引领和考核依据
职责与目标若发生重大调整，必须重新填写考核表
管理干部每月必须就工作目标的执行情况进行一次沟通
被考核员工开始执行岗位职责与工作目标，执行过程中，直接上级随时给予绩效引领
季度中进行的考核流程
季度初进行的考核流程
每季度首月1日开始实施对上季度的工作绩效考核评估
被考核员工自我评分
被考核员工对照评分标准，就岗位职责、工作目标、行为表现考核项进行自我评分
直接上级审核评分
直接上级就被考核员工岗位职责、工作目标、行为表现等情况进行审核评分
绩效面谈必须在绩效实施期间内进行；面谈前，被考核员工应将填写完整的上季度的《员工工作绩效季度考核表》和本季度的《员工工作绩效季度考核表》一起交给直接上级
直接上级审核评分
• 双方就上一季度被考核员工岗位职责、工作目标的完成情况和行为表现进行沟通
• 针对工作中的问题编制绩效改进与能力发展计划，由直接上级填写在上一季度《员工工作绩效季度考核表》的“绩效改进与发展计划”一栏
• 直接上级就面谈沟通内容填写《绩效面谈记录表》
• 讨论并确定本季度的《员工工作绩效季度考核表》

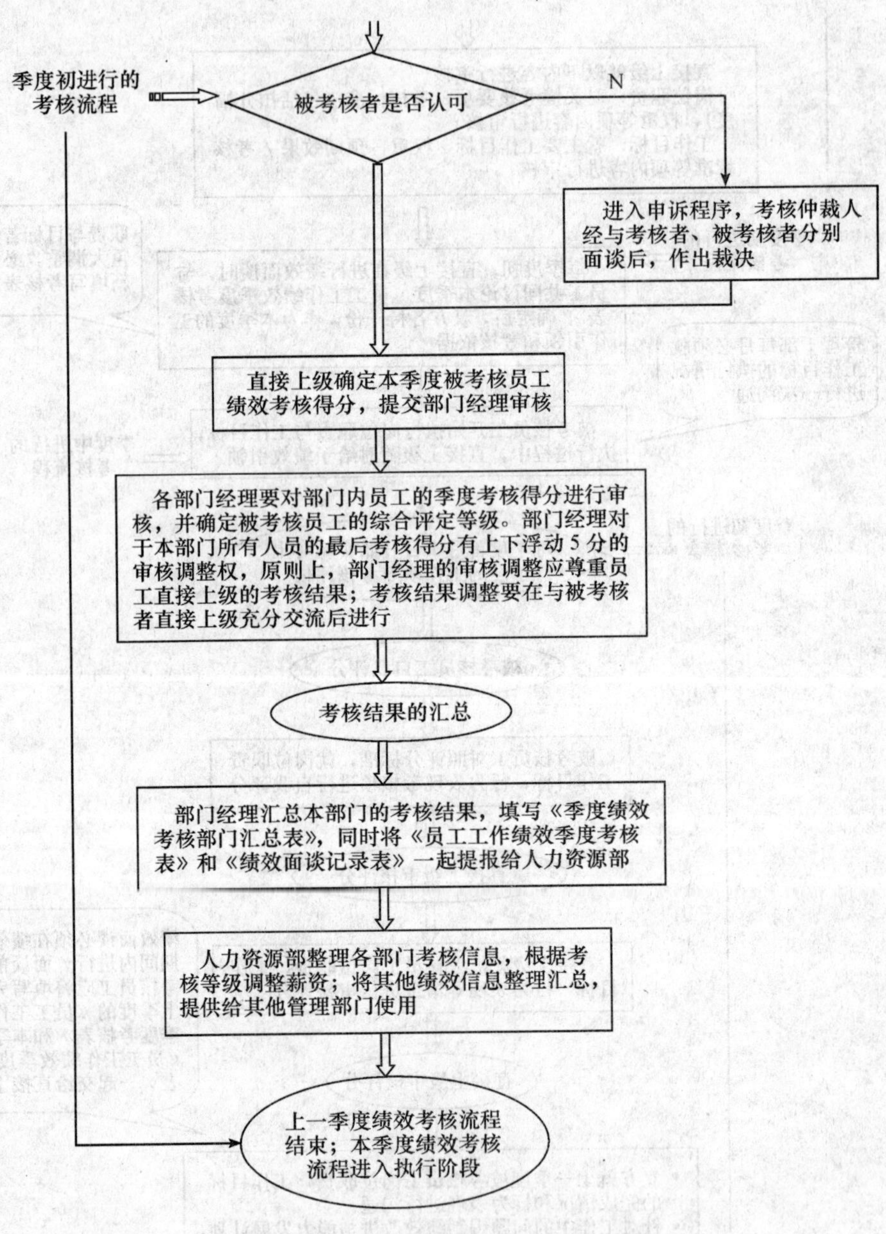

图6—10　季度绩效考核流程

附：考评表格实例借鉴

月份工作考评表

填写时间：　　年　　月　　日

部门：	姓名：	职位：

本月工作总结：

本月工作自我评价：

以下由直接上级填写：

1. 职位技能　优秀（　）　良好（　）　一般（　）　较差（　）
2. 工作态度　优秀（　）　良好（　）　一般（　）　较差（　）
3. 工作成果　优秀（　）　良好（　）　一般（　）　较差（　）

部门：	姓名：	岗位：

本月工作评语：

直接上级签字：

备注：

工作表现评估报告 PERFORMANCE APPRAISAL REPORT

（Ⅰ）PERSONAL DETAILS/个人简历

Name/姓名	Date Joined Company/加入公司日期
Company/公司名称	Year/Month in Current Position/现职时间（年度/月份）
Job Title/职位	Period Under Review/评估时限
Department/部门	Date of Review/审核日期

（Ⅱ）OBJECTIVES/目的			
The prime purpose of the performance appraisal is to：		此评估的主要目的	
1	Improve and strengthen the relationship between appraiser and appraisee.	1	改善及增强评分人及受评人的上下级关系
2	Determine the strengths and weaknesses of the appraisee by highlighting the successes and identifying areas for potential improvement.	2	分析、确认、显示受评人的强项及弱点。帮助受评人善用强项与改进弱点
3	Identify training and development needs of appraisee for future higher responsibilities.	3	标识受评人发展及训练的需要，以便日后承担公司重任
4	Feedback to appraisee on current performance standards.	4	反映受评人现阶段的工作表现
5	Set goals and objectives for appraisee for next period.	5	为受评人确定下年度的工作目标，作为日后工作表现的标准

（Ⅲ）REVIEW OF PERFORMANCE/工作表现评估	
State the objectives set in the previous appraisal period and describe the level of performance attained. 根据上年度所订下的工作目标，评估所达到预期目标的程度。	
Description of objectives set in the previous period. 上年度所提出的目标	Performance Attained 过去一年目标能否达到及表现如何
1.	
2.	
3.	

（Ⅳ）EVALUATION OF PERFORMANCE ATTRIBUTES/工作表现类别评分							
To indicate your evaluation of the appraisee's performance，please mark an （×） in the appropriate column.				请于下列类别划上［×］，以显示你的评分			
4	＝Outstanding	3	＝Good	4	＝出色	3	＝良好
2	＝Satisfactory	1	＝Poor	2	＝满意	1	＝差意
0	＝Unacceptable	NA	＝Not Applicable	0	＝不能接受	NA	＝不合用

Please refer to the attachment for explanations of different performance levels.
根据以下的评估表格加以不同等级的评分。

续表

Performance Attributes 工作表现性质	Performance Levels 表现的等级						Cite examples where appropriate 试以实例述明
	4	3	2	1	0	NA	
1. TEEHNICAL COMPETENCE/技术性方面							
1.1 Job-product Knowledge 工作知识							
1.2 Planning/Organising Skill 策划及组织能力							
1.3 Productivity 生产效益							
1.4 Quality of Work 工作素质							
1.5 Customer Satisfaction 满足客户需求							
	Sub-Total/小计:						
2. ATTITUDE TOWARDS WORK/ORGANISATION/对公司及工作态度方面							
2.1 Willingness to Learn/Improve 自发性的学习/改进							
2.2 Positive Attitude 正面态度							
2.3 Acceptance of Instructions 接受任务							
2.4 Dedication 工作投入							
2.5 Reliability 可靠责任							
	Sub-Total/小计:						

3. PERSONAL QUALITIES/个人品质方面							
3.1 Punctuality 准时出席							
3.2 Responsibility 有责任感							
3.3 Attention to Details/Thoroughness 处世小心谨慎							
3.4 Honesty/Integrity 诚实正直							
3.5 Initiative 有自发性							
3.6 Adaptability 适应能力							
3.7 Resourcefulness 创意性							
3.8 Personal Grooming 个人仪表整洁							
3.9 Judgment & Decision Marking 判断与决策能力							
3.10 Continuous Improvement 虚心上进							
	Sub-Total/小计：						
4. INTERPERSONAL SKILLS/人与人相处技巧							
4.1 Willingness to Share 乐意与别人分享							
4.2 Co-operation 合作性							
4.3 Relationship with Others 人际关系							

续表

4.4 Communication 沟通方式						
4.5 Leadership/Management 领导能力						
	Sub-Total/小计：					
	Grand Total/总计：					
	Percentage/百分比：					

* Applicable only to supervisory staff/只适用于管理层人员

OVERALL EVALUATION OF THE INDIVIDUAL/整体评分

Please use the space below to give your overall assessment of the appraisee.

请于下列空格填写有关人员的整体评估

（V）STRENGTHS AND WEAKNESSES/强项与弱点

1. List in the order of importance，3 of the appraisee's strenghts.

列出受评人的三大主要强项，并以其程序顺序陈述如下

a.

b.

c.

2. List the areas where the appraisee would need to improve in.

列出受评人的缺点与需要改进的领域

a.

b.

c.

(Ⅵ) DEVELOPMENT AND TRAINING NEEDS/发展及训练需要	
Based on the evaluation, list any development/training needs of the appraisee and suggest how these needs can be met. 鉴于上述评分，列出发展、训练需要及达到目标的建议	
DEVELOPMENT NEEDS 发展需要	SUGGESTIONS 建议
1.	
2.	
3.	
4.	
TRAINING NEEDS 训练需要	
SUGGESTIONS 建议	
1.	
2.	
3.	
4.	

(Ⅶ) OBJECTIVE SETTING/明年工作目标	
Identify and agree with the appraisee, up to 4 key objectives of the next period and state the level of performance expected. 标识与征求受评人的共识，列出下年度四项目标及预期表现	
DESCRIPTION OF OBJECTIVES SET FOR THE NEXT PERIOD 下年度的目标	EXPECTED PERFORMANCG 预期表现
1.	
2.	
3.	
4.	

(Ⅷ) COMMENTS AND SIGNATURE/评价与确认签名
Please comment on any other areas which may not have been covered. 进一步评价上述未提及的范围

续表

Appraisee's Name & Signature	Appraiser's Name & Signature	Reviewer's Name & Signature
受评人姓名及签署	评分人姓名及签署	复核人姓名及签署
Date/日期	Date/日期	Date/日期
COMMENTS BY REVIEWER/复核人意见		

【本章小结】

本章通过理论与实践结合的方式，全面论述了绩效评估的基本含义、类别、流程、打分方法、注意在绩效评估中容易产生的问题，并对各种主要的绩效评估方法进行了比较研究，使读者对绩效评估有全面的了解。

【关键概念】

绩效评估　绩效评估类别　绩效评估面谈　绩效评估流程

【复习思考题】

1. 绩效评估与绩效管理的关系是什么？
2. 绩效评估主要应用在什么阶段？
3. 绩效评估面谈可能遇到的难题有哪些？

【应用案例1】

不同的绩效评估面谈

A.

生产经理：最近你负责的生产线，每日生产的乙产品未能达到预定的产量，而且部分品质指数低于标准，你有什么解释？

车间主任：乙产品产量没有达到标准是因为属于新产品，作业员在操作上还不太熟练所造成的，品质方面是因为一部分检验标准改变，而且近来原材料品质也不太稳定，所以品质指数低于标准。

生产经理：你是车间主任，你应该设法去解决这些问题，希望你给我一个明确的日期，什么时候可以达到产量与品质的标准，一个星期够不够？不要因为你的无能造成公司的损失。

B.

生产经理：你辛苦了，最近甲产品的产量及品质表现都很不错，要继续努力，不过乙产品的产量及品质状况不如预想的理想，你认为原因是什么？我们共同研究解决问题的办法，好吗？

车间主任：乙产品是新产品，作业员操作不熟练，可能是主因，另一方面品质标准修改，检验员也不熟练，材料品质不稳定也是原因。

生产经理：甲产品与乙产品类似，为什么甲产品可以达到产量指标，而乙产品不行？品质标准修改了哪些部分？检验员培训够不够？我们一起来探讨这些问题。

车间主任：甲产品与乙产品外形类似，但内部结构上，乙产品更复杂，在装配乙产品过程中，有两个检验仪器老旧，功能落后，经常需要人工操作，不仅耽误时间，而且往往不正确。

生产经理：你把这些问题列出来，哪些是需要我帮你解决的？你尽快交给我，我会协助你解决，我们共同来克服这些困难。

简评

绩效评估面谈是领导艺术的体现，一定要时刻想到员工心理感受和要达到的效果，否则事与愿违。

【应用案例 2】

绩效评估结果反馈

岁末年初时，许多企业都要进行绩效考核，对员工一年来的业绩进行回顾和评价。但是从许多企业以往绩效考核的结果来看，结果却并不尽如人意，管理层觉得考核并没有对员工进行恰当区分，员工业绩优劣不明显。员工觉得考核结果并未反映出自己的工作实绩，因而满腹牢骚。怎样才能使绩效考核发挥其应有的积极作用？考评反馈很重要。

每年年末，A公司除了忙着做今年的会计决算和来年的财政预算外，经理和员工们又开始了一年一度的被他们称为表演的绩效考评了。

王经理直接管着16名员工，因此他又将忙于填写16份内容相差不多的绩效考核表。由于人力资源部已经催了很多次了，他必须在周末完成这些表格。否则，下周一又要接到人力资源经理的催“债”电话了。

他确实想到了一个好办法。他把表格发给每位员工，让员工自己在上面打分，然后派人收齐，在上面签上名，再交给人力资源部。问题解决了，纸面上的工作都按人力资源部要求完成了，人力资源部也很满意，于是每个人都结束表演回到了“现实的工作”中去。

忙碌一时的绩效考评就这样完成了。

问题：王经理的绩效考评是不是真的完成了呢？如果你是王经理的老板，你会对他的这些表现满意吗？请从绩效面谈的准备工作、面谈注意事项各方面谈一下你的想法。

简评

经理还有一个很重要的工作没有做，那就是绩效评估结束后对员工绩效考评结果的反馈，而这对员工的心理需求来说非常重要。

思考题

1. 绩效评估面谈需要反馈吗？
2. 绩效评估时员工可能的心理反应是什么？

第七章

绩效评估的结果应用

学习目标

本章主要论述绩效评估结果应用的有关问题。通过学习，第一，掌握绩效评估的结果主要应用在什么方面。第二，掌握绩效评估结果应用的基本手段与方法。第三，理解绩效评估结果的应用对下一周期（通常为一年）新的绩效管理的影响。

第一节 结果分析及应用概述

绩效评估实施成功与否的关键就是如何应用评估的结果。很多不成功的绩效评估，其失败的原因就在于没有很好地应用好绩效评估的结果。考核结果分析如图 7—1 所示。

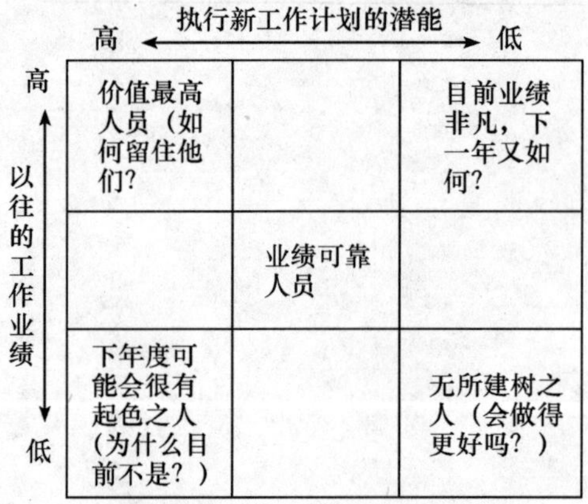

执行新工作计划的潜能
高
低
以往的工作业绩
高
低
价值最高人员（如何留住他们?
目前业绩非凡，下一年又如何?
业绩可靠人员
下年度可能会很有起色之人（为什么目前不是？）
无所建树之人（会做得更好吗？）

图 7—1　考核结果分析

绩效评估的目的是为了改善和提高员工的绩效，因此，绩效评估的结果有多种用途。

绩效评估结果的运用如图 7—2 所示。

绩效评估结果的运用
判断
▪ 薪酬
▪ 晋升
▪ 人员调配、流动
发展
• 培训
• 职业规划
• 职位轮换

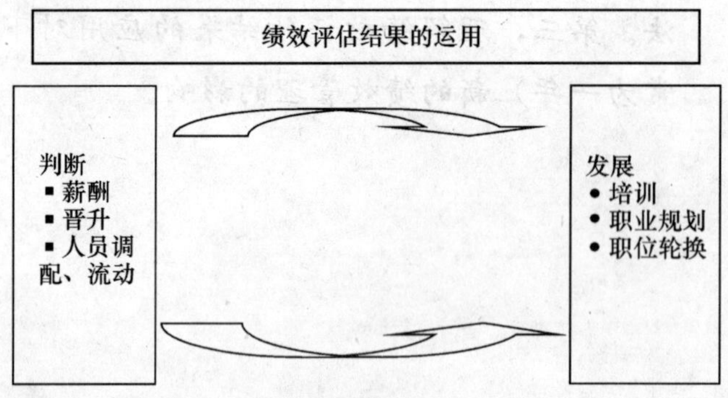

图 7—2　绩效评估结果的运用

绩效评估中的员工类型如图 7—3 所示。

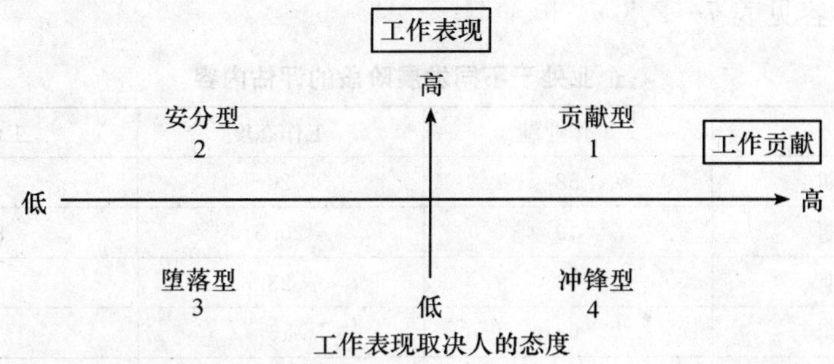

图 7—3 绩效评估中的员工类型

不同类型员工的奖励政策如图 7—4 所示。

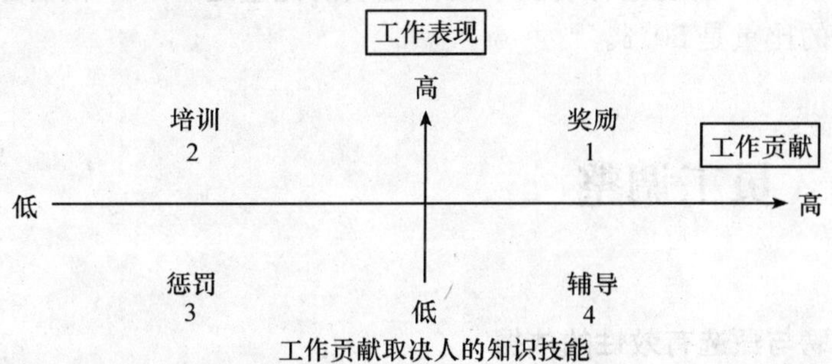

图 7—4 不同类型员工的奖励政策

绩效评估内容将不同程度地运用到人力资源管理的各个方面，绩效评估的运用见表 7—1。

表 7—1 绩效评估的运用 %

	工作业绩	工作态度	工作能力
人事决策	68	16	16
检查有效性标准	49	23	28
培训计划目标	50		50
职业发展反馈	35	30	35
组织问题诊断	34	33	33

• 说明：上述百分比是经验数值，是在不同评估目的实现过程中，各项评估内容的贡献比例。

处于不同发展阶段的企业对评估内容侧重也是不同的，企业处于不同发展阶段的评估内容见表7—2。

表7—2　　企业处于不同发展阶段的评估内容　　%

	工作业绩	工作态度	工作能力
创业期	58	20	22
成长期	49	20.5	30.5
成熟期	46	23	31
衰退期	68	16	16
变革期	46	23	31

•举例：创业期评估的目的是人事决策和检查有效性，而人事决策中工作业绩的比重是60%，而检查有效性中工作业绩的比重是40%，两者平均得出创业期工作业绩的比重是50%。

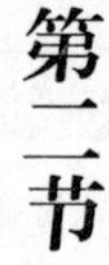

第二节　员工调整

一、招聘与甄选有效性的依据

绩效评估的结果可以用来衡量招聘与甄选的有效性。如果甄选出来的优秀人才实际的绩效评估结果确实很好，就说明甄选是有效的。反之，则说明要么是甄选不够有效，要么是绩效评估的结果有问题。

新招聘的员工是否适合所在的职位，这就要看工作一段时间之后的绩效结果，这可以从招聘后一段时间的工作绩效表现出来，如果绩效评估结果比较满意，就说明招聘比较成功；反之，则需要对各个环节进行检查。

二、晋升、调职、降级的依据

绩效评估的结果也可以为职位的变动提供一定的信息。员工在某方面绩效突出，就可以让其在此方面承担更多的责任。如果员工在某方面绩效不好，有可能是目前他所从事的职位不适合，可以通过调整职位，使他从事更加适合的工作。

如果在晋升中应用绩效评估结果，还应结合对员工胜任力的评估。如果员工在目前的职位上绩效优秀，并不代表在更高的职位上一样优秀，这要看他在新职位上的潜力。

此外，还可以根据绩效评估的结果，如果被考核员工达不到职位要求，可以依次淘汰绩效不佳者。

三、奖酬分配的依据

为了增强薪酬的激励作用，在员工的薪酬体系中有一部分报酬应与绩效挂钩。对于从事不同性质工作的人，与绩效挂钩的报酬所占的比例应有所不同。例如，销售人员的报酬中较大的比重是由绩效决定的，主要是促使销售人员取得更好的绩效。而对于行政人员，其报酬中由绩效决定的部分就会相对比较小。薪酬的调整往往是由绩效来决定的，例如，工资晋升的等级是与绩效联系在一起的。

（一）评估结果应用于薪酬的形式

1. 发放一次性的绩效工资或奖金。

2. 职位工资基数的调整。

（二）分配时的注意事项

1. 利用绩效评估来实现激励，关键要看薪酬对努力的敏感度。

2. 当报酬取决于员工的努力程度时，考核就变得重要了。

3. 对资深员工的考核应该是基于工作成绩。

4. 奖金的基本考核体系。

固定工资调整与增长如图 7—5 所示。

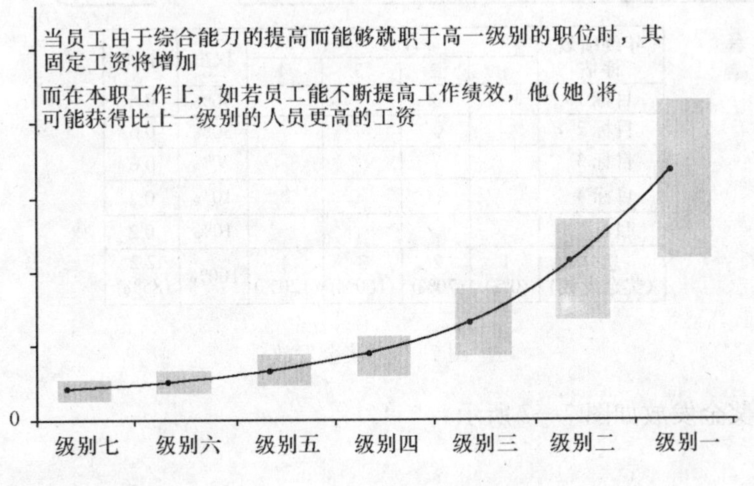

图 7—5　固定工资调整与增长

奖金分配与关键绩效指标的关系见表 7—3。

表 7—3　　奖金分配与关键绩效指标的关系　　%

公司级别	公司指标	团队目标	个人关键结果领域
级别一	100	0	0
级别二	70	30	0
级别三	60	40	0
级别四	40	30	30
级别五/六	20	30	50
级别七	10	25	65

奖金发放如图 7—6 所示。

业绩评分	项目计划（范例）	市场占有率（范例）	关键程序绩效评估	奖金发放率
4	≥85%	100%	全部完成关键目标而且持续超越期望	120%
3	≥75%	≥90%	全部完成关键目标	100%
2	≥60%	≥70%	部分完成关键目标	70%
1	<60%	<70%	未完成关键目标	0%

奖励发放因业绩表现而异

年终绩效评估	评分				权重	小计
	1	2	3	4		
目标 1		√			30%	0.6
目标 2		√			30%	0.6
目标 3			√		20%	0.6
目标 4		√			10%	0.2
目标 5		√			10%	0.2
总分（奖金发放）	1 (0%)	2 (70%)	3 (100%)	4 (120%)	100%	2.2 (85%)

图 7—6　奖金发放

量化奖金发放如图 7—7 所示。

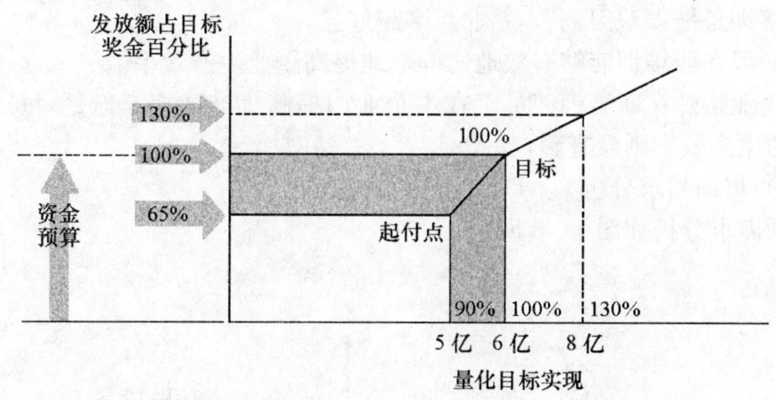

图 7—7　量化奖金发放

第三节　员工发展

一、提供员工绩效改善建议

绩效的改善从本质上讲是促进一些符合期望的行为发生或增加其出现的频率，减少或消除不期望出现的行为。

员工绩效的改善可以按照以下几个步骤进行：

1. 直接主管与员工达成关于绩效问题的共识。直接主管要让员工认识到问题的存在，并让他们认识到绩效问题对公司的影响，以及对其个人将要产生的后果。

2. 分析绩效问题产生的原因。问题的原因是多方面的，可能是员工自身的问题，也可能是员工无法控制的因素的作用。关键是要找出通过具体对策可以改善的问题，对症下药。

3. 确定改善的目标。主管要说出你想要员工做出怎样的改善，而且员工要认同。

4. 共同探讨可能解决的途径。让员工了解，必须对自己的行为负责。

5. 鼓励员工取得的进步。当员工的绩效有所改善时，要及时认可。

二、在培训方面的应用

（一）培训与员工发展有效性的依据

1. 培训是把“双刃剑”，并非越多越好。

2. 一般在职培训能够有效地、等量地提高企业生产效率。

3. 企业特殊在职培训使员工在本企业内提高生产效率，但是对员工到别处工作时的生产效率则没有影响。

（二）培训需求分析

培训需求分析如图 7—8 所示。

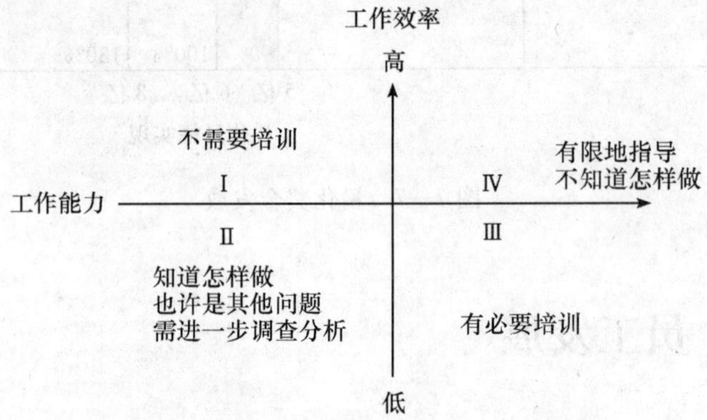

图 7—8　培训需求分析

培训需求分析流程如图 7—9 所示。

（三）分析方法

1. 观察

由受过训练的观察者依工作说明书观察员工的行为。

2. 问卷调查

可做技术需求调查及员工态度调查，以进行分析面谈。可由人力资源部门或外界专家进行。

＋焦点群体

Ⅱ由公司内不同部门和不同层级的员工所组成。

＋绩效评估

Ⅱ根据定期考核及绩效评估面谈获取培训需求。

＋人事记录分析

Ⅱ检查公司在缺勤率、流动率和意外事件比率上的记录。

（四）培训过程

培训过程如图 7—10 所示。

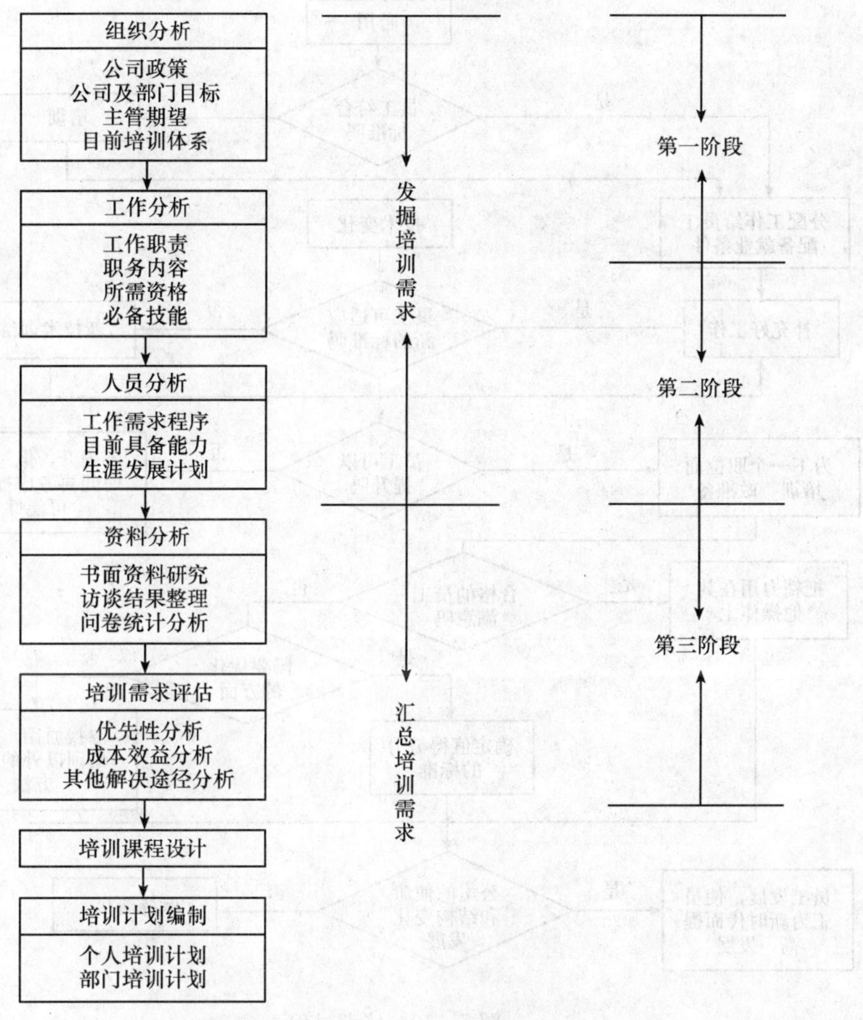

图 7—9　培训需求分析流程

三、员工潜能评价和职业发展规划

一个好的考核体系能提供两类信息：

（一）揭示员工的一般能力信息

1. 了解学习和发展的潜能。

2. 较高者成为公司宝贵的投资对象。

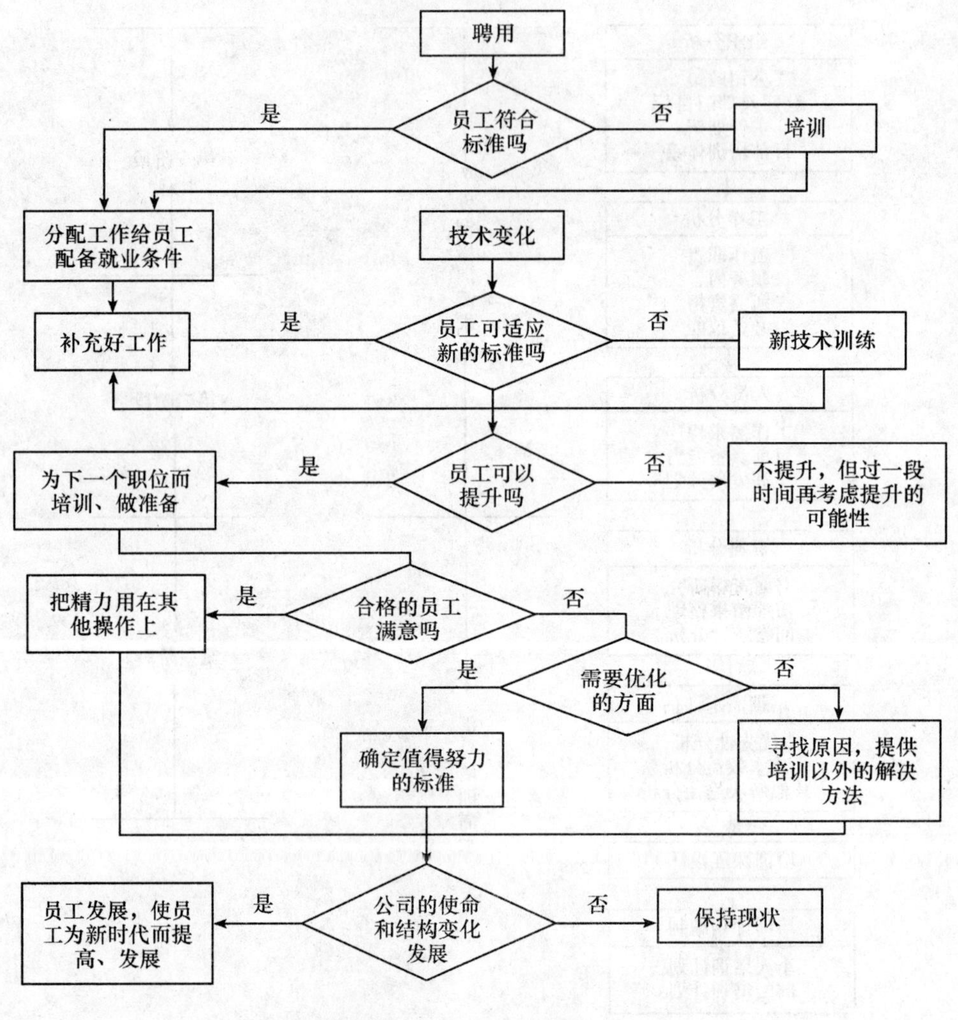

图 7—10 培训过程

（二）揭示员工的特殊技能信息

1. 了解具备的特殊素质。

2. 较优者胜任公司中的特定职位。

四、职业发展规划的定义和内容

职业发展规划是根据员工发展状况所编制的、在一定时期内完成的有关工作绩效和工作能力改进与提高的系统规划。在编制职业发展规划的过程中，直接主管要为员工提供实现规划所需的各种资源和帮助。

职业发展规划包括以下几方面的内容：

1. 有待发展的项目。
2. 发展这些项目的原因。
3. 目前的水平和期望达到的水平。
4. 发展这些项目的方式。
5. 设定这些目标的期限。

五、编制职业发展规划的过程

1. 员工与主管人员进行绩效评估沟通。

2. 员工与主管人员共同就员工绩效方面存在的差距分析原因，找出员工在工作能力、方法或工作习惯等有待改进的方面。

3. 员工和主管人员根据未来的工作目标的要求，选取员工目前存在的在工作能力、方法或工作习惯方面有待改进的地方作为个人发展项目。

4. 双方共同编制改进这些工作能力、方法和习惯的具体行动方案，确定个人发展项目的期望水平和目标实现期限以及改进的方式。

5. 列出改进个人发展项目所需要的资源，并指出哪些资源需要主观人员提供帮助获得。

六、职业发展规划实例

李东是某医疗设备公司的一名销售代表，他到这家公司担任销售代表有一年时间。在一年中，上级主管给他设定的销售指标是 20 万元，他完成了这个绩效指标，实际销售额为 22.9 万元。但是像他这样的销售代表平均销售额为 35 万元，李东距离这样的水平还有一定差距。而且，由于他未从事过本行业，对一些专业知识不太熟悉。他目前存在的有待改进的主要是销售技巧方面，体现在与客户沟通时如何倾听客户的需求上。另外，对于一些专业领域的知识有待学习。最后，他的销售报告写得也不令人满意，需要提高。同事们普遍评价他善于与人合作，也乐于助人，认为他还是比较愿意学习的。针对现状，李东在主管的帮助下编制了职业发展规划。

职业发展规划见表 7—4。

七、某公司评估结果的应用实例

（一）绩效评估结果的运用

表 7—4　　　　　　　　　职业发展规划

姓名：李东　　　　　职位：销售代表　　　　　部门：业务一部

直接主管姓名：王磊　　　　　　　编制计划时间：2006 年 3 月 5 日

有待发展的项目	发展的原因	目前水平	期望水平	发展的对策与所需的资源	评估的时间
客户沟通技巧	与客户沟通时销售代表的主要工作，本人在这方面有较大的欠缺	客户沟通评估分数 2.5 分	3.5 分	参加“有效”的客户沟通技巧培训；自己注意体会和收集客户的回馈；与优秀的销售人员一同会见客户，观察学习他人与客户沟通时好的做法	2006 年 12 月
医疗设备专业知识	销售人员需要了解较多的产品知识，本人以前对这些方面的知识接触甚少	专业知识评估分数 3 分	4 分	阅读有关的书籍、资料参加产品部门举办的培训班，多向他人请教	2006 年 5 月
撰写销售报告	销售人员需要以书面的形式表达销售状况，与主管和同事交流信息	销售报告评估分数 3 分	4 分	练习撰写的销售报告，主管人员给予较多的指点	2006 年 8 月

1. 作为绩效改进与编制培训计划的主要依据。

2. 作为薪资调整和绩效奖金分配的直接依据，与薪酬制度接轨。

3. 作为职位等级晋升（降）和职位调配的依据。

4. 记入员工发展档案，为编制员工职业生涯发展规划提供依据。

（二）绩效改进计划

各级评估者和被评估者应及时针对评估中未达到绩效标准的项目分析原因，编制相应的改进对策。评估者有责任为被评估者实施绩效改进计划提供引领、帮助以及必要的培训，并予以跟进检查。

（三）薪资调整

依据绩效评估结果，依照一定的程序和方法，改变职位薪资等级，从而激励员工在更好地做好本职工作的基础上，享受公司更好的人事待遇。

（四）员工发展档案

各级管理者应将员工历次评估结果记入员工发展档案，作为员工培训发展的依据。

人力资源部有责任依据公司目前的员工状况，编制有针对性的培训计划，安排公司各部门员工参加培训。员工的职位轮换、调动也应以评估结果为依据。

（五）免职

对于年度绩效评估结果为“1 分”的员工，除按制度规定减薪外，还应酌情处理，如调离原工作职位，经培训考试合格后方可重新上岗，否则做辞退处理。

对于管理人员评估结果为“1 分”的管理者，除按制度规定减薪外，还应在对其综合能力进行全面评估的基础上，由人力资源部向公司领导提出免职或降职处理的建议。

【本章小结】

本章通过理论与案例相结合的方式，引导读者思考绩效评估的结果主要用于哪些方面。同时，对在应用中的基本手段与方法进行了细分。通过这些介绍，使读者充分理解绩效评估的结果与管理相衔接，而不是简单地评估出分数。

【关键概念】

绩效评估结果　员工发展　员工培训　员工调整　薪酬调整

【复习思考题】

1. 绩效评估结果的应用到底有多重要？

2. 绩效评估结果的应用应注意的关键点有哪些？

【应用案例】

如何管理主要业绩目标突出的员工

（一）

经理：

你是公司销售部经理。李刚是你们部门负责东北地区的销售员，三年前由一个小公司加入你们部门。前两年李刚都未能完成销售任务，只是把精力用于发展客户关系，对客户的业务需求了解很肤浅，对产品的了解也很有限。根据这些表现，你给李刚的业绩评定连续两年都是及格。

今年，东北地区突然决定做项目 C，你和技术部经理立即组织力量投标，经几轮奋战，最终拿到了合同。作为销售工程师的李刚，在项目期间工作很努力，以建立各种关系为重点，引导客户，推动项目进程，成为项目组的骨干。由于项目C的成功，相对于年初目标，李刚的销售业绩达到了130%。

但同时，你注意到李刚在与技术工程师合作时，关系处理得有些紧张。工程师们抱怨李刚计划性不强，也很少与大家沟通，造成几次方案重新调整。大家都不太愿意与他合作。另外，李刚对于项目C没有充分沟通，目前订货、交货期都遇到一些问题。

综合以上考虑，你计划给李刚良好的业绩考核成绩。今天你约了李刚做本年度的业绩考核。

（二）

员工：

你是公司销售部销售工程师，负责东北地区的业务，今年是在公司工作的第三年。前两年，由于东北经济发展状况不好，加之自己不熟悉业务，都没有完成任务，业绩考核只得了及格。然而能得及格已不错了，要是在以前的公司，可能就给“炒鱿鱼”了。功夫不负苦心人，今年出来的项目C，终于签约，你的销售业绩是130%。做项目的几个月日日夜夜的辛苦终于有了回报。有这样的成绩，你认为今年的业绩考核非得优秀不可。

今天，你的经理约你做全年的业绩考核，你期待着好消息。

简评

作为经理，评价李刚应该肯定其长处，即他具备与客户建立良好关系的能力。绩效管理要特别注意在对所有员工实行标准化管理的同时，注意对特殊员工的差异化管理。在绩效评估沟通中要善于激励李刚的特殊贡献，同时，要把李刚与其他工程师的合作能力当做面谈要点，并在下一年度李刚能力培养发展计划中，编制具体步骤，加以着力引导与培养。

思考题

1. 如何看待经理给李刚的分数？
2. 如果你是经理，如何评价李刚？

附录：

绩效评估表				职工编号	
				考核时间	
姓名		入职时间		自评分数	
部门		岗位	库房管理人员	调整分数	
事假	天	病假	天	其他假（天）	年：　产： 婚：　丧：
奖励		惩处		评估人	

项目	考核指标	分数						
		10	8	6	4	2	0	主管
工作质量（60%）	•每日工作记录							
	•转关、过境、错退运的出库							
	•多缺货、文件报关记录，TC 到付交接记录保存与交接							
	•税单确认及保存							
	•退错运货物操作							
	•放行货物入库							
	•撤单工作、改址签							
小计								
工作态度（40%）	•协作精神							
	•责任感							
	•投诉情况							
	•工作报告							
	•完成临时性工作							
小计								
总计		评估人签字						

部门经理意见	员工意见	人力资源部审核

绩效与潜质评估标准	部门：操作部
	岗位：库房管理人员

工作质量（70%）

◇每日工作记录

要求三个班次按不同要求做好每日工作记录，工作记录准确全面，符合实际

10分：每日工作记录按时完成

8分：偶尔出现（2次）工作记录不完整但能按时完成

6分：有时出现（3次）工作记录不完整或未能按时完成

4分：经常出现（3次以上）工作记录不完整或未能按时完成

2分：工作记录经常不写

◇转关、过境、错退运的清点

要求每日上午9：30分以前将货物准确清点装车并扫描出库

10分：未出现漏扫描、漏装车、装错货并只有少数超时

8分：未出现漏扫描、漏装车、装错货并有超过5次超时

6分：出现1次漏扫描、漏装车、装错货并只有少数超时

4分：出现1次漏扫描、漏装车、装错货并只有超过5次超时

2分：出现2次漏扫描、漏装车、装错货并只有少数超时

◇多缺货，文件报关记录，交接记录保存

10分：当月未出现任何由于交接及时造成延误

8分：当月有1次交接不及时但未造成延误

6分：当月有2次交接不及时但未造成延误

4分：当月有3次交接不及时但未造成延误

2分：当月经常出现交接不及时但未造成延误

◇税单确认

要求税单数量与报关员核对后附在货上，做到税单与货物相等并且不丢失

10分：每日核对税单数，税单与货物相符，不丢失

8分：偶尔出现（2次）税单与货物不符但及时发现

6分：有时出现（3次）税单与货物不符但及时发现

4分：经常出现（3次以上）税单与货物不符但及时发现

2分：由于税单丢失无法补救造成公司损失

◇退错运货物操作、机场自取输机

要求检查点准确、单据交接及时、量体积称重通知发货人员

10分：未出现失误正确率100%

8分：出现（1次）检查点漏输或输错

6分：出现（1次）检查点漏输或输错，单据交接延误，未影响航班

4分：出现（1次）检查点漏输或输错，单据交接延误，量体积称重不准确，影响航班

2分：出现（2次）检查点漏输或输错，单据交接延误，量体积称重不准确，影响航班

续表

◇进口货物入库 要求货物入库上架，扫瞄枪输入检查点，多件货对齐件数 10 分：入库上架货件数齐，扫瞄枪输入检查点，偶尔有（3 次）重复上架或上错货架造成异常 8 分：入库上架货件数不齐，扫瞄枪输入检查点，有时有（3 次以上）重复上架或上错货架造成异常 6 分：入库上架货件数不齐，扫瞄枪未输检查点，有时有（4 次以上）重复上架或上错货架造成异常 4 分：入库上架货件数不齐，扫瞄枪未输检查点，有时有（5 次以上）重复上架或上错货架造成异常 2 分：经常上架货件数不齐，扫瞄枪扫错货位，经常重复上架或上错货架 ◇撤单工作、改址签 要求撤单及时不延误清关（货品随到随撤）改址签在货物出库时必须附在货上 10 分：撤单工作及时准确，改址签在货物出库之前附在货上 8 分：偶尔出现（2 次）由于工作安排问题造成的撤单延误 6 分：有时出现（3 次）由于工作安排问题造成的撤单延误 4 分：偶尔出现由于工作安排问题造成的撤单延误，改址签漏贴造成派送延误 2 分：出现 2 次漏贴改址签造成派送延误
工作态度（30%） ◇协作精神 10 分：当团队内成员因特殊情况无法完成工作时，能够主动协助完成 8 分：以本职工作完不成为理由，拒绝协助他人一次 6 分：本职工作确实完不成，但拒绝协助他人时态度较差 4 分：本职工作确实完成，但拒绝协助他人时态度极差 2 分：本职工作可以完不成，拒绝协助他人时态度极差 ◇责任感 10 分：出现问题时积极解决，做到一站式服务 8 分：自己出现作业缺失主动承担，第一时间解决 6 分：对别人出现的作业缺失毫不理会 4 分：由于责任心不强出现操作失误造成内部投诉 2 分：由于责任心不强出现重大操作失误造成投诉 ◇投诉情况 10 分：当月内无任何因个人工作失误造成的公司内外部投诉，获客户好评 8 分：基本无任何因个人工作失误造成公司内外部投诉 6 分：因个人工作失误造成 1 次客户投诉，经完美解决未给公司造成不良影响 4 分：出现因个人工作失误造成的 2 次以上客户投诉，给公司造成不良影响 2 分：出现因个人工作失误造成 3 次以上客户投诉，给公司造成不良影响 ◇工作报告 10 分：工作报告按各组要求完成，内容充实，完成认真且准时提交 8 分：报告内容不够充实但准时提交 6 分：报告尚能按时完成，但质量一般或出现个别错误

续表

4分：报告完成潦草或超时3天以上提交 2分：不做工作报告 ◇完成临时性工作 10分：乐于接受并顺利有效完成临时性工作 8分：基本愿意接受并有效完成临时性工作 6分：对临时性工作有为难情绪，勉强完成 4分：对临时性工作完成拖沓，质量欠佳 2分：对临时性工作找借口推托，不予配合 自评/调整分数计算公式说明： 自评分数/调整分数＝（工作质量小计得分×70%＋工作态度小计得分×30%）×1.61

参考文献

[1] 武欣．绩效管理实务手册［M］．北京：机械工业出版社，2005.

[2] 王吉鹏．职位评估——解密职位相对价值［M］．北京：中国劳动社会保障出版社，2005.

[3] 李广州．现代企业人事管理［M］．台北：五南图书出版公司，1987.

[4] 郭昆谟等．人事管理［M］．台北：空中大学，1990.

[5] 陈海鸣，余朝权．人事管理［M］．台北：华泰图书文物公司，1988.

[6] 傅肃良．人事管理［M］．台北：三民书局股份有限公司，1992.

[7] 黄英忠．人力资源管理［M］．台北：三民书局股份有限公司，1997.

[8] 蔡宪六．企业薪资管理［M］．台北：三民书局股份有限公司，1970.

[9] 镇天锡．现代企业人事管理［M］．台北：台湾中华书局，1969.